Hygge y Lagom

La guía definitiva del estilo de vida escandinavo para vivir una vida equilibrada llena de bienestar y felicidad

© Copyright 2020

Todos los derechos reservados. Ninguna parte de este libro puede ser reproducida de ninguna forma sin el permiso escrito del autor. Los revisores pueden citar breves pasajes en las reseñas.

Descargo de responsabilidad: Ninguna parte de esta publicación puede ser reproducida o transmitida de ninguna forma o por ningún medio, mecánico o electrónico, incluyendo fotocopias o grabaciones, o por ningún sistema de almacenamiento y recuperación de información, o transmitida por correo electrónico sin permiso escrito del editor.

Si bien se ha hecho todo lo posible por verificar la información proporcionada en esta publicación, ni el autor ni el editor asumen responsabilidad alguna por los errores, omisiones o interpretaciones contrarias al tema aquí tratado.

Este libro es solo para fines de entretenimiento. Las opiniones expresadas son únicamente las del autor y no deben tomarse como instrucciones u órdenes de expertos. El lector es responsable de sus propias acciones.

La adhesión a todas las leyes y regulaciones aplicables, incluyendo las leyes internacionales, federales, estatales y locales que rigen la concesión de licencias profesionales, las prácticas comerciales, la publicidad y todos los demás aspectos de la realización de negocios en los EE. UU., Canadá, Reino Unido o cualquier otra jurisdicción es responsabilidad exclusiva del comprador o del lector.

Ni el autor ni el editor asumen responsabilidad alguna en nombre del comprador o lector de estos materiales. Cualquier desaire percibido de cualquier individuo u organización es puramente involuntario.

Tabla de contenidos

PRIMERA PARTE: HYGGE 1
INTRODUCCIÓN GENERAL 2
CAPÍTULO 1. INTRODUCCIÓN: ¿QUÉ DIABLOS ES EL HYGGE? 4
    ¿De dónde viene el concepto del hygge? 4
    ¿Y qué pasa con esos calcetines de lana? 5
    Hygge y la conciencia plena 6
    El hygge patrocinado por el Estado 7
    La época más hygge del año 8
    La práctica del hygge 9
CAPÍTULO 2. CÓMO EL HYGGE CONTRIBUYE A
LA FELICIDAD 11
CAPÍTULO 3. EL HYGGE EN LA PRÁCTICA: CÓMO TENER
UN DÍA DANÉS 18
    ¡Buenos días! 19
    Buenas tardes 20
    Buenas noches 22
    En resumen 23
    Lista de puntos clave 26
CAPÍTULO 4. EL HYGGE EN LA PRÁCTICA: ESTABLECE EL
HYGGE EN TU CASA 28
    EL *HYGGE* EN TODA LA CASA 29
        El salón 34

Dormitorios *35*

Cuartos de baño *35*

Cocina y comedor *36*

Fuera de la casa *37*

Lista de puntos clave *37*

CAPÍTULO 5. EL HYGGE EN LA PRÁCTICA: UN ARMARIO ADAPTADO AL ESTILO HYGGE 39

Lista de puntos clave *40*

CAPÍTULO 6. EL HYGGE EN LA PRÁCTICA: LAS GANAS DE COMERSE EL HYGGE..46

BOLLOS Y PAN PARA EL DESAYUNO 47

Rugbrød: el pan de centeno danés *48*

Gachas: un alimento básico *48*

Ebleskivers: tortitas danesas *49*

ALMUERZO Y COMIDA LIGERA 50

Smørrebrød: la variedad infinita *51*

Sopa de tomate al estilo nórdico *52*

Salmón ahumado caliente: el alimento básico escandinavo *53*

LAS CAFETERÍAS: LO ESENCIAL PARA VIVIR UNA VIDA DE *FIKA* 54

Bollos de azúcar: bollos de canela fáciles de preparar *54*

Risalamande: el arroz con leche danés *55*

Pastel de chocolate pegajoso: porque todo el mundo necesita chocolate *57*

LA CENA: COCINADA A FUEGO LENTO Y CASERA 57

Costillas estofadas: un clásico de siempre *58*

Papas Hasselback: una delicia vegetariana *59*

Cerdo y col de Navidad: un plato para una ocasión especial *61*

BEBIDAS CALIENTES 62

Cacao caliente y con especias *62*

Vino caliente de Berry Merry *63*

Sidra caliente *64*

CAPÍTULO 7. EL HYGGE EN LA PRÁCTICA: LAS FIESTAS Y LAS ESTACIONES DEL HYGGE 65
Invierno: ¡una época muy hygge! *65*
La Navidad es la época más maravillosa y hygge del año *68*
Primavera: renueva y revitaliza *69*
La Pascua *71*
Verano: vida al aire libre *73*
Los días festivos, del Día de los Caídos al Día del Trabajo *75*
Otoño: Ponte cómodo *77*
El Día de Acción de Gracias no es solo para los americanos *78*

CAPÍTULO 8. EL HYGGE EN LA PRÁCTICA: LA CRIANZA DE LOS HIJOS HYGGE, LAS RELACIONES Y LA UNIÓN 80
Padres: la crianza pacífica de los hijos *80*
Personas cercanas: cultivar la relación *83*
Amigos: establecer vínculos *85*
La familia: una unión intergeneracional *87*

CAPÍTULO 9. EL HYGGE EN LA PRÁCTICA: LA FRUGALIDAD 90
Lista de puntos clave *90*

CAPÍTULO 10. EL HYGGE EN LA PRÁCTICA: LAS MANUALIDADES A LO HYGGE 94
Lista de puntos clave *97*

CONCLUSIÓN 107

SEGUNDA PARTE: LAGOM 109

INTRODUCCIÓN 110

CAPÍTULO 1: ¿QUÉ ES LAGOM? 112
ADOPTAR LO QUE SE CONOCE COMO "MORGONDOPP" 116
ATRÉVASE A IR SOLO 117
TRABAJE EN SU PROPIO VESTUARIO CÁPSULA 118
TOME SUFICIENTES DESCANSOS EN SU DÍA 118
APRENDA A ESCUCHAR MÁS 119
REALICE ACTOS DE BONDAD 120

CAPÍTULO 2: LOS BENEFICIOS DEL LAGOM Y POR QUÉ DEBERÍA BUSCARLO ¡AHORA! 122

    PUEDE ALEJARSE DE LOS EXTREMOS 122

    USTED VA A SER MÁS FELIZ 123

    USTED SE VOLVERÁ MÁS SALUDABLE 124

    EL LAGOM ES UNA PARTE DE SER CONSCIENTE 125

    PUEDE HABER MUCHA REALIZACIÓN EN "SUFICIENTE" 127

CAPÍTULO 3: AÑADIENDO LAGOM EN SU VIDA HOGAREÑA 129

    SUPRIMA ELEMENTOS DEL HOGAR 130

    ELIJA BLANCO O GRIS 130

    LLEVE UN POCO MÁS DE NATURALEZA A SU HOGAR 131

    DEJE ENTRAR ALGO DE LUZ NATURAL 131

    ASEGÚRESE DE QUE LOS OBJETOS DE LA HABITACIÓN PUEDAN RESPIRAR 132

    USE UN POCO DE LUZ DE VELAS CON UN AGRADABLE Y CÁLIDO RESPLANDOR 132

    REEMPLACE LAS ALFOMBRAS POR TAPETES 133

    MEZCLE ALGUNAS DE LAS ALFOMBRAS MODERNAS Y LAS ANTIGUAS 133

CAPÍTULO 4: AÑADIENDO LAGOM EN SU TRABAJO U OFICINA 135

CAPÍTULO 5: LAGOM, SU ROPA Y SU ARMARIO 142

CAPÍTULO 6: LAGOM Y SU ELECCIÓN DE COMIDA Y ALIMENTACIÓN 146

CAPÍTULO 7: CÓMO SUS VACACIONES Y CELEBRACIONES PUEDEN MEJORAR CON LAGOM 154

    TARJETAS DE NAVIDAD 155

    LAS DECORACIONES DE NAVIDAD 156

    EL PAPEL DE REGALO 157

    LA COMIDA 158

    REGALOS DE NAVIDAD 160

CAPÍTULO 8: EL ESTILO DE PATERNIDAD LAGOM 162

CAPÍTULO 9: EL LAGOM EN SU VIDA SENTIMENTAL 168

    TENGAN CITAS SENCILLAS 168

- Hagan cosas que ambos disfruten 169
- Tómense un tiempo para el otro 170
- Entienda que "Tiempo a solas" está bien.. 171
- Vayan a una velocidad que sea adecuada para ambos 172

CAPÍTULO 10: ¿PUEDE LAGOM AHORRARLE DINERO? 174
- Comprar menos cosas 175
- Comer menos 175
- Aprenda a gastar solo en lo que es importante 176
- Aprenda a pagar sus deudas 177
- Aprenda a ignorar el comercialismo 178
- Aprenda la diferencia entre un "querer" y un "necesitar" 179

CAPÍTULO 11: ¿QUÉ PASA CON LOS HOBBIES QUE SE CONSIDERAN LAGOM? 181

CAPÍTULO 12: ¿PUEDO AÑADIR EL LAGOM A MI VIDA CON MASCOTAS? 186

CAPÍTULO 13: EL LAGOM MIENTRAS VIAJA 190

CONCLUSIÓN 195

Primera Parte: Hygge

Descubre el arte danés del bienestar y la felicidad

Introducción general

Antojos de comodidad, de calidez, de satisfacción: todos sienten el deseo de una vida más feliz, menos estresante y más serena. *Hygge*, la filosofía de origen danés, es una forma comprobada de lograr una vida así. *Hygge* significa *bienestar* en el nórdico antiguo y encarna una filosofía que es tanto un modo de pensar como una forma de vida con actividades específicas diseñadas para animar a cultivar la unión y la alegría por las cosas más pequeñas y sencillas de la vida cotidiana.

Con este libro, aprenderás sobre el estilo de vida *hygge*, con una visión filosófica de lo que es el *hygge* y su relación con la felicidad general. A los daneses se les ha elegido como las personas más felices del mundo en numerosas ocasiones; seguramente, esta filosofía propia es digna de recomendación. También, en este libro se incluyen muchos consejos básicos e ideas para practicar el *hygge* en tu vida cotidiana, desde la decoración y el ambiente del hogar hasta cómo vestirse y pasar el tiempo de ocio. Además, hay una forma *hygge* de abordar la comida, el entretenimiento, las vacaciones y las actividades de temporada. Como base de todo esto, el *hygge* continuamente enfatiza el espíritu de la unión, al fomentar las relaciones con la familia y los amigos, y al nutrir a uno mismo mediante el amor propio.

La simplicidad y la serenidad van de la mano para crear una atmósfera de acogedora comodidad y de auténtico compañerismo. Así que, ve a buscarte un par de calcetines de lana calentitos, una manta muy suave, y acurrúcate en un *hyggekrog* (rincón acogedor). Sigue leyendo sobre cómo sumergirte en el *hygge*, el secreto danés para una vida más feliz.

Capítulo 1. Introducción: ¿Qué diablos es el hygge?

Considerada constantemente como una de las naciones más felices —si no la más alegre— de la tierra, Dinamarca tiene que estar haciendo algo bien. Todos los seres humanos anhelan la comodidad, la seguridad y la felicidad; de hecho, la búsqueda de la felicidad es una de las motivaciones que definen la vida moderna. Los daneses parecen haber tropezado con un simple secreto que el resto de nosotros —con nuestras ocupadas y distraídas vidas— ignoramos. Ese pequeño bienestar secreto podría ser un concepto llamado *hygge*. Pronunciado algo así como «yu-ga», *hygge* describe un estilo de vida lleno de satisfacción, una especie de «calidez del alma», según Meik Wiking, el director general del Instituto de Investigación de la Felicidad de Copenhague. *Hygge* abarca una amplia gama de comportamientos, sentimientos y actividades que están diseñadas para la comodidad y la felicidad en la seguridad y la simplicidad.

¿De dónde viene el concepto del *hygge*?

Varias fuentes sugieren diferentes orígenes de la palabra *hygge*, aunque todas coinciden en que tiene alguna relación con la comodidad y la calidez. La mayoría de las fuentes sugieren que la palabra se originó de los noruegos, con quienes los daneses compartieron un estado-nación hasta principios del siglo XIX. *Hygge* para los noruegos significa *bienestar*, pero también se traduce del danés como *dar coraje, consuelo, alegría,* y se ha convertido en una característica que define la cultura danesa, especialmente en los últimos años. En el año 2016, llegó a ser finalista de la palabra del año según el Oxford English Dictionary, y ha habido un creciente interés en el concepto y el estilo de vida que define. Se podría especular que el momento no es casual, dadas las incertidumbres de la política internacional y el continuo crecimiento de la tecnología, que a menudo se percibe como algo alienante.

En otra línea de pensamiento etimológico, el término *hygge* podría derivarse de la palabra *hugge*, del siglo XVI, que significa *abrazar*, que también está vinculada a las palabras *hygga*, que significa *consolar*, y *hugr*, que significa *estado de ánimo*. Cualquiera que sea el origen exacto de este término, *hygge* ha llegado a significar una combinación de todo lo anterior: un abrazo cálido que levanta el estado de ánimo y es una forma de vida.

¿Y qué pasa con esos calcetines de lana?

Hygge se caracteriza por numerosos rasgos, desde la forma en la que se decora e ilumina tu casa, hasta la comodidad de tu vestimenta personal. De hecho, la iluminación es uno de los componentes clave para implementar la atmósfera *hygge* en tu vida: más de tres cuartos de los daneses, cuando se les pregunta qué es lo que más asocian con el *hygge*, dicen: «velas». De esto se puede deducir que una de las características más importantes del *hygge* es la atención al hogar y a la chimenea. Además, el énfasis en la unión y en las relaciones sociales es también clave para la práctica del *hygge* y un hogar *hygge* debe ser cálido, acogedor y tener el brillo relajante de la luz de las velas.

Aun así, el *hygge* no es solo sobre las comodidades del hogar (aunque esto es crucial); también es sobre cómo se come, se bebe, se viste y se celebra. La comida simple y abundante, sin demasiada complicación, es un sello distintivo del estilo de vida *hygge*. El estilo de vida *hygge* no exige que cuentes las calorías de una forma obsesiva o que te impongas demasiadas expectativas nutricionales. Por otro lado, el *hygge* tampoco indica que puedas darte un capricho solo por el placer de hacerlo. En su lugar, el *hygge* contempla una simple moderación combinada con una sensación de calma y comodidad. El estofado y las gachas de avena son un factor importante de los placeres del *hygge*, junto con las bebidas calientes y la relajación general. Una manta decente y un par de calcetines de lana son imprescindibles para una noche frente al fuego, o el brillo de un televisor, para no eliminar todos los adornos de la modernidad. Una noche de «Netflix y el frío» puede no ser el elemento más importante del *hygge*, ¡y su objetivo está muy lejos de la realidad! La ropa es cómoda, básica, práctica y calentita. Aquí no se trata de «ver y ser visto», o de destacar en una multitud; *hygge* es una forma humilde de presentarse al mundo, con tu felicidad iluminándote de dentro hacia fuera. La misma actitud se aplica a las celebraciones: celebra con satisfacción y unión, y abraza tu gratitud hacia todas las pequeñas cosas que componen tu buena vida.

Hygge y la conciencia plena

Una vez que empiezas a adoptar el *hygge*, este pasa a ser no solo un estilo de vida, sino también una forma de pensar. Te anima a ver el mundo de una manera diferente, no a través de lo que puedes adquirir o lograr, sino a través de cómo puedes apreciar y participar en las pequeñas alegrías de la vida. Al igual que los conceptos orientales de la atención y la meditación, el *hygge* te anima a permanecer en el presente, disfrutar de lo que tienes con tus seres queridos y pasar tu tiempo de una forma cualitativa en lugar de una forma cuantitativa. De hecho, este puede ser uno de los componentes centrales del estilo de vida *hygge* que define la comprensión danesa contemporánea de la felicidad: desvincular los sentimientos de felicidad y comodidad de las trampas de la riqueza y el estatus.

Esto es parte de la idea del *hygge*, que también hace hincapié en la igualdad, el trabajo en equipo, la modestia y la simplicidad. Algunos critican este espíritu de la cultura escandinava en general y sugieren que fomenta un tipo de conformidad que se asocia desde hace mucho tiempo con varios países del norte de Europa. Esta conformidad favorece la idea de que ninguna persona en particular debe sobresalir o lucirse. Mientras que el *hygge* puede sugerir un elemento de este pensamiento, no lo alienta de ninguna manera como el objetivo del estilo de vida. Más bien, alienta a encontrar satisfacción en los aspectos cotidianos de la vida, al promover la tolerancia y el compañerismo del que todo el mundo debería formar parte.

El *hygge* patrocinado por el Estado

El argumento sobre lo que hace que el *hygge* sea tan asequible para los daneses —al igual que a sus primos de otros países nórdicos— se encuentra en el éxito del llamado *estado de bienestar*. Muchas de las cargas financieras de la vida de la clase media en la sociedad danesa se alivian a través del Estado: gracias a la atención sanitaria universal, la seguridad social, la educación gratuita en las universidades, los abundantes permisos familiares remunerados, las generosas vacaciones pagadas y una infraestructura muy funcional. Así, los daneses pueden disfrutar de las pequeñas comodidades de la vida y las alegrías inherentes de la familia y de los amigos, porque no se sienten angustiados por la forma de permitirse una existencia de clase media decente y acomodada. Dicho esto, los impuestos daneses son bastante altos (especialmente cuando se comparan con los de los Estados Unidos) y rondan un 50 por ciento de los impuestos sobre la renta de las personas físicas. Aun así, los daneses están bastante dispuestos a aceptar esta tasa de impuestos a cambio de unos excelentes beneficios. Sus prioridades se centran en invertir en la calidad de vida y participar en la sociedad en general. Se trata de una especie de cultura de unión nacional y es algo que los otros países occidentales podrían considerar seriamente.

Hygge sin duda está asociado con un nivel de seguridad financiera y movilidad económica que muchos otros lugares y pueblos del mundo no tienen. Esto es parte de lo que hace que la práctica del *hygge* sea especial en sus atributos, pero rara en su alcanzabilidad.

El espíritu del *hygge* enfatiza la humildad. El hecho de tener un sistema social sólido y una infraestructura estable proporciona una gran ayuda para alcanzar los niveles más altos del *hygge*. Sin embargo, independientemente de la disponibilidad de esa asistencia, se puede disfrutar de la mentalidad diaria de abrazar la simplicidad de cada día, la comodidad y la familiaridad de casi cualquier circunstancia. Una vez más, el *hygge* no es simplemente un conjunto de reglas; se trata de una mentalidad dedicada a comprometerse con la vida diaria de una manera presente, consciente y positiva.

La época más *hygge* del año

No es de extrañar que el invierno (especialmente la Navidad) sea el momento en el que el *hygge* es ampliamente reconocido y practicado por los habitantes de las tierras nórdicas. Las razones son numerosas: en un clima de invierno duro, tiene mucho sentido disfrutar de las cálidas comodidades de unos calcetines de lana calentitos y de un fuego agradable, mientras uno se envuelve en una manta a la luz de las velas. Las comidas y bebidas más asociadas con un estilo de vida *hygge* también son para calentarse: gachas de avena, guisos y vinos calientes. Todas estas son distracciones del violento clima invernal que hay afuera y, además, nos recuerdan que nuestro pequeño rincón de la vida diaria es seguro, cálido, acogedor y reconfortante. Somos nosotros mismos los que creamos un refugio de todas las tormentas de la vida.

Esto no quiere decir que el *hygge* no se pueda practicar todo el año —por supuesto que sí se puede— sin embargo, esta filosofía también reconoce el espíritu festivo que viene con la mayoría de las celebraciones de invierno. Para muchos de los que celebramos la Navidad, este espíritu festivo es bastante familiar y muy similar a muchos de los aspectos del *hygge*. Un estilo de vida del *hygge* se vive en este espíritu festivo, se evoca a lo largo del año y se fomenta al disfrutar de la intimidad con nuestros seres queridos todos los días del año, ¡no solo en los días de la nieve! De hecho, todos seríamos mucho más felices si construyéramos una apreciación por la vida cotidiana, la unión y la contemplación acogedora, sin importar la época del año.

La práctica del *hygge*

Ahora que ya tienes una sólida comprensión de lo que es el *hygge* y por qué merece una cuidadosa consideración como un estilo de vida, hablemos de cómo puede funcionar para ti de manera práctica. En el próximo capítulo, examinaremos el vínculo directo entre la felicidad personal y la práctica del *hygge*: ¿qué es la felicidad y cómo puede el *hygge* ser un medio para alcanzarla? A continuación, pasaremos a explorar las formas prácticas en las que podemos integrar el concepto del *hygge* en la mayoría de los aspectos de nuestras vidas.

Desde la actitud general de cómo emplear el *hygge* en nuestra vida cotidiana hasta los finos detalles de cómo practicar partes específicas de este arte, el resto del libro analiza los elementos concretos de la vida en los que el *hygge* juega un papel importante. Crear un ambiente hogareño que fomente y apoye la mentalidad del *hygge* es clave, así como considerar tu vestimenta y apariencia personal; nada demasiado quisquilloso, pero ciertamente algo encantador y cómodo. Este libro también incluye consejos y técnicas, además de un puñado de recetas para cocinar y degustar al estilo *hygge*. Además de esto, también hay un capítulo dedicado específicamente a la práctica del *hygge* durante las vacaciones, a lo largo de todo el año.

A continuación, veremos cómo el *hygge* puede aumentar nuestra felicidad al amplificar nuestras relaciones familiares. Las áreas incluyen el uso del *hygge* para la crianza de nuestros hijos, así como para unir a nuestros seres queridos de una forma constructiva durante períodos de tiempo más prolongados. Además, abordaremos la naturaleza frugal del *hygge*; este no es un estilo de vida que se basa en el consumo ostentoso ni en el esfuerzo ambicioso. Más bien, se trata de una existencia suave, pacífica y cómoda que puede lograrse con muy poca lucha material. Finalmente, pasaremos un tiempo mirando las manualidades *hygge* y cómo podemos dedicarnos a crear una vida más acogedora con nuestras propias manos.

Descubre el arte danés único de vivir de una forma feliz y agradable, abrazar la vida con un abrazo abierto y cálido, y comprometerte con tu mundo de una forma consciente y humilde. ¡La felicidad y el bienestar están a tan solo unos capítulos de distancia!

Capítulo 2. Cómo el hygge contribuye a la felicidad

Aunque la búsqueda de la felicidad es nuestro derecho inalienable aquí en los Estados Unidos, a menudo nos resulta difícil alcanzar esta felicidad debido a nuestro estilo de vida tan agitado y a nuestro apego a demasiadas cosas materiales. *Hygge* puede ser una forma de enderezar ese barco, ya que existen unas claras evidencias de que Dinamarca es considerada consistentemente como el país más feliz de la tierra. Posiblemente, una guía del estilo de vida *hygge* es justo lo que necesitamos para ser más felices.

Todos queremos alcanzar la felicidad y nuestras ideas al respecto varían de una persona a otra. Para muchos de nosotros, hay momentos en nuestras vidas en los que nos sentimos decepcionados; ¡pensamos que estamos en el camino de la felicidad solo para descubrir que no estamos ni siquiera cerca de la dirección correcta! En estos momentos, nos sentimos muy infelices. Muchos estudios han demostrado que la gente que elige seguir una trayectoria profesional de mucho dinero y mucho estrés termina menos contenta que aquellos compañeros que eligieron trayectorias gratificantes para ayudar a sus semejantes, aunque sean menos lucrativas desde el punto de vista financiero. Aquí es donde un concepto como el de *hygge* puede entrar y reformular nuestros conceptos de felicidad. En lugar de una vida definida por la riqueza y los logros, se puede tener una vida marcada por la unión familiar y un hogar feliz. Si lo que una vez pensamos que queríamos no nos ha traído la felicidad, entonces seguramente hay formas alternativas de definir la felicidad. Existen evidencias que el *hygge* es una de ellas, ya que las personas que lo practican habitualmente reportan altos niveles de felicidad y de satisfacción.

La felicidad como destino para nuestra realización personal no debería ser lo único que nos impulsa. Vivir una vida alegre es también fundamental para nuestra salud y bienestar general, tanto emocional como físico. La evidencia médica lo demuestra: la infelicidad es perjudicial para nuestras necesidades a corto plazo y nuestra salud a largo plazo. Entre otras cosas, la felicidad promueve la salud del corazón. Las personas que reportan una mayor felicidad también reportan una menor presión sanguínea y ritmo cardíaco, ambos afectan la salud del corazón a largo plazo. Además, la felicidad también estimula nuestro sistema inmunológico; ¡las personas que mantuvieron constantemente una actitud positiva en sus vidas también evitaron sistemáticamente los resfriados y otras dolencias menores con el paso del tiempo! De hecho, la felicidad nos ayuda a evitar el dolor en general, pues las personas que dicen ser felices reportan muchos menos dolores y molestias que muchos de nosotros experimentamos en nuestra vida diaria. La diferencia aquí puede no ser necesariamente física, pero no es menos poderosa al observar que nuestro estado mental puede aliviar el dolor físico por sí mismo. Otras enfermedades más complicadas han demostrado ser menos severas o que ocurren con menos frecuencia en personas que reportaron pasar mucho tiempo en grupos sociales. Ciertamente, los altos niveles de felicidad están asociados con bajos niveles de estrés y todos hemos oído hablar de cuán perjudicial es el estrés para nuestro bienestar físico a lo largo del tiempo. Por último, las personas felices suelen tener vidas más largas y son más productivas hasta bien entrada la vejez. Los beneficios de sentir felicidad son innegables, y, al igual que el *hygge*, este es un estado mental. ¡Los daneses son un gran ejemplo del *hygge* en acción!

Muchos expertos en bienestar destacan los beneficios del estilo de vida hygge para mejorar nuestro estado emocional, nuestra salud física y nuestro bienestar social. Emocionalmente, uno de los beneficios del *hygge* es promover una sensación de calma y tranquilidad. Por ejemplo, si tu casa es acogedora y reconfortante —con habitaciones a la luz de las velas, muebles cálidos, mantas y con el aroma de la deliciosa comida casera— entonces es lógico que tu estado mental también se encuentre en calma y no estresado. Otros beneficios emocionales de la práctica del *hygge* incluyen la disminución de la depresión, ya que es difícil mantenerse deprimido cuando se está cómodo, seguro y sin demasiada ansiedad. Además, el aumento de los sentimientos de optimismo y autoestima son a menudo subproductos de la práctica del *hygge*, ya que tu estado mental no estará tan ligado a los deseos externos y a las cosas que puedan estar fuera de tu control. Esto también fomentará un sentido de atención y apreciación de las pequeñas cosas en tu vida. Vivir una vida llena de gratitud es ciertamente un signo de vivir una vida llena de felicidad.

Como ya hemos visto, la práctica del *hygge* en la vida produce beneficios para la salud física. Además de los beneficios emocionales, los beneficios físicos son igual de importantes. La incorporación del *hygge* en tu rutina diaria puede llevarte a una vida físicamente más fuerte. Por ejemplo, la práctica del *hygge* puede mejorar los patrones de sueño, lo cual es crucial para mantener un sentido de productividad serena. Dentro de la seguridad de un espacio *hygge*, las amenazas externas ya no son tan grandes, y con esa comodidad viene un mejor sueño, lo que lleva a un mejor cuidado personal. Es difícil, por ejemplo, hacer ejercicio con regularidad y mantener un peso saludable si uno está deprimido, ansioso y sin dormir. Además, algunos expertos sugieren que la práctica del *hygge* evita que uno abuse de sustancias que supuestamente ayudan a sobrellevar el estrés, pero que pueden perjudicarle físicamente, como el alcohol u otras drogas.

Por último, también existen beneficios sociales que se obtienen al practicar el *hygge*. Cuando nos sentimos seguros y cómodos, es más fácil comunicarse con los demás sin sentirnos inseguros o vulnerables. Si hacemos que nuestro hogar sea acogedor y agradable para nosotros mismos, los demás encontrarán nuestro hogar igual de agradable.

Uno de los conceptos fundamentales dentro del *hygge* es que la unión es realmente parte de la fórmula para la felicidad general. La conexión con los demás es importante tanto para nuestro bienestar personal como para el de nuestra comunidad. Este es un arte que se está perdiendo en el laberinto de los dispositivos electrónicos y en las distracciones de nuestro mundo contemporáneo. Puede que nos guste usar la palabra *comunicación* cuando hablamos de nuestra querida tecnología de mensajes de texto o medios sociales, pero nuestros dispositivos no fomentan un auténtico sentido de conexión. *Hygge* puede ayudarnos a recuperar algo de esa sensación de conexión. Cuando se establece y se mantiene una sensación de seguridad y comodidad, podemos entonces centrarnos en aumentar nuestra confianza mutua y crear, en última instancia, una mayor sensación de intimidad dentro de nuestras relaciones en general. Alejarse de los medios sociales y enfocarse en las relaciones sociales en el hogar y en las actividades es un gran paso hacia el fomento de una sensación de bienestar a largo plazo. Los seres humanos son animales sociales, después de todo, y trabajar para mejorar esas relaciones sociales es ciertamente parte de la receta para lograr una felicidad duradera.

Lograr la felicidad a través del *hygge* implica centrarse en la creación de un espacio acogedor y un estilo de vida reconfortante; esto facilita y alimenta los sentimientos más felices. Por ejemplo, si tu hogar es un espacio de refugio —un espacio tranquilo y compartido con un fuego cálido, decorado con materiales naturales tranquilizantes— entonces es probable que te sientas protegido, seguro y tranquilo. Exploraremos más sobre cómo crear este tipo de espacio ideal en el capítulo 4.

La aplicación del *hygge* en tu vida se reduce a unas pocas características clave, las cuales se tratarán con un mayor detalle en los siguientes capítulos. Estos son los elementos cruciales para dejar que el *hygge* entre en tu vida: la iluminación cálida, como la luz de las velas, es quizás el elemento más importante para encender el espíritu *hygge* en nuestro hogar. La textura de la ropa (o cualquier otra cosa que toque la piel) también es importante, ya que todo lo suave y cálido es clave para fomentar un ambiente tranquilo y relajado. Piensa en unos calcetines cómodos o en un jersey suave. La decoración de nuestra casa también juega un papel importante en la creación de un ambiente *hygge*, en el que el uso de los elementos naturales tiene prioridad sobre las superficies frías y duras de vidrio y acero. Esto también se aplica al uso del color: los colores neutros y cálidos son más atractivos que los atrevidos y abrumadores. El beige y el crema, con ligeros matices de color, son más calmantes que los rojos, amarillos o naranjas brillantes. Obviamente, el *hygge*, que proviene de un clima frío y norteño, también es cálido, pero no solo en cuanto a la temperatura ambiente. El calor interno y psicológico es el resultado de proporcionar un ambiente seguro y confortable para todos los que entran en tu espacio, incluido tú mismo. Un espacio acogedor es un espacio armonioso. Además, piensa en cómo organizas tu espacio: la unión es un componente clave del *hygge*, y las personas dentro de ese espacio deben sentirse conectadas y reconfortadas entre sí y con su entorno. Las actividades sugeridas por el estilo de vida *hygge* reflejan todas las tendencias descritas con anterioridad. No se trata de organizar cenas formales o dirigir ruidosas rondas de juegos competitivos. Podría ser cualquier cosa, desde una simple conversación a una cena casera, café y cartas al final de la noche.

Independientemente de lo que planees en tu espacio, afínalo con el objetivo de la unión y la conexión con tu familia y amigos.

Por último, no te limites a practicar el *hygge* solo en tu casa o en tus días libres. Este es un estilo de vida que lleva tiempo cultivar y que tiene el valioso objetivo de mejorar tu felicidad, tu salud y tu bienestar. Pon en práctica algunas de estas estrategias en tu lugar de trabajo cuando sea posible y apropiado. Reflexiona sobre los beneficios de entrar en una oficina con una iluminación suave, con unas fotografías agradables y tal vez con alguna que otra planta. Esa oficina es infinitamente más atractiva que una con luces altas y nada más personal que un ordenador de sobremesa. Piensa en la oficina de un profesional de la salud mental; la mayoría están diseñadas a propósito, para reconfortar y calmar a los pacientes que entran allí. Este también puede ser tu objetivo en el trabajo, tranquilizar a los clientes u otras personas, así como reducir tus propios niveles de estrés.

Piensa en otras formas de cultivar el espíritu *hygge* en tus actividades diarias. Comunicarse con la naturaleza, en lugar de aislarse con nuestros dispositivos tecnológicos, es una forma segura de practicar el hábito del *hygge*. Da un paseo tranquilo en bicicleta y camina por los senderos para experimentar el mundo natural; permanece consciente y no te precipites en la forma en la que realizas la actividad. El objetivo es sentirse tranquilo y en paz, no frenético y competitivo. Reduce un poco la velocidad: el estilo de vida occidental contemporáneo está orientado a ir a la velocidad del rayo, y esto a menudo significa que nos perdemos las pequeñas alegrías, como escuchar el canto de los pájaros o ver una puesta de sol. También se puede pensar en el *hygge* como una forma de hacer el bien en el mundo, aunque de forma pequeña y gradual. Practica la sostenibilidad para el gran bien común. Reciclar, comer alimentos producidos localmente y buscar fuentes de energía respetuosas con el medio ambiente son actividades que se adhieren al espíritu general del *hygge*.

También puedes llevar el *hygge* contigo a lo largo del día con tu actitud, tu forma de presentarte, tu forma de conectar con los demás, incluso con los extraños. En el próximo capítulo, exploraremos las muchas pequeñas cosas que pueden hacer que nuestro día sea más tranquilo mientras practicamos el *hygge*.

Capítulo 3. El hygge en la práctica: cómo tener un día danés

La mayoría de los estadounidenses comienzan y terminan su día en un callejón sin salida:

- Se beben su café a sorbos y, si tienen suerte, engullen el desayuno;
- llevan a los niños a la escuela,
- esquivan el tráfico,
- llegan al trabajo casi a tiempo,
- se ponen al día con los correos electrónicos,
- trabajan-trabajan-trabajan,
- llevan a los niños a las actividades,
- se apresuran para volver a casa,
- comen comida para llevar o sobras, con rapidez;
- se hunden en la cama.

¡Esto es claramente lo opuesto a cómo pasan el día los daneses! El énfasis no está en cumplir con las tareas o en marcar los puntos de una lista; el énfasis está en vivir una vida en presente y de una forma feliz. En lugar de centrarse en la gratificación instantánea o en el cumplimiento de las fantasías consumistas, los daneses buscan relacionarse con la gente y con su entorno. Imaginemos cómo podríamos sumergirnos en un día danés lleno de *hygge*: en un día simple, práctico,

interactivo y feliz.

¡Buenos días!

Después de una noche de descanso, te despiertas para encender las velas de la casa, que emiten un suave y cálido resplandor que te trae el día. La casa está ordenada y es sencilla, organizada, pero confortable, con lo necesario sin el desorden del consumo ostentoso. Prepara una generosa taza de cacao —o un rico café— y cómete una rebanada de denso y reconfortante *rugbrød* (pan de centeno danés). O quizás, un gran tazón de gachas de avena sea más apropiado para alimentar tu día; con cereales integrales, algo de fruta cortada y un puñado de nueces picadas espolvoreadas sobre todo esto. Si es un día laboral, prepárate para ir a tu lugar de trabajo para unas cinco o seis horas. Saluda a tus compañeros con cariño, ya que son tus amigos, y termina tu trabajo sin miedo a perderte la vida en casa, porque verás a tu familia esta noche. Si eres danés, lo más probable es que trabajes en una posición que te permita una vida segura y estable. Recuerda, la educación después de la escuela secundaria de un danés es gratuita, lo que lleva a un lugar de trabajo que es menos competitivo y más colaborativo. Recuerda que el trabajo debe ser un lugar que satisfaga tu necesidad de ser creativo. Todos deberíamos ser productivos y contribuir al mundo que nos rodea, ¡y no solo preocuparnos por acumular dinero o estatus! En Dinamarca, la brecha entre los ricos y los no tan ricos es la más baja del mundo; todo el mundo tiene la oportunidad de vivir una vida segura y satisfactoria. Si perdieras tu trabajo, el gobierno te ayudaría con hasta un 90 por ciento de tu sueldo durante unos cuatro años, hasta que encontrases otra oportunidad. El trabajo es satisfactorio porque es una trayectoria profesional de elección y tu espacio de trabajo es casi tan acogedor como tu casa. El trabajo no se siente como un trabajo pesado porque no es la única cosa importante en tu vida, ¡como bien lo saben tu supervisor y tus compañeros! El trabajo es una parte de una vida plena y no te lo llevas a casa. En cambio, te vas por la tarde, listo para disfrutar del resto de lo que la vida tiene para ofrecer.

Buenas tardes

La tarde es el momento perfecto para pasar un poco de tiempo al aire libre. En casa, tienes unas grandes ventanas que te permiten disfrutar de la luz del sol durante los largos días de verano o deleitarte con la nieve y las tormentas que se producen durante los cortos días de invierno. Cada día, planeas pasar algo de tiempo al aire libre, en compañía de la naturaleza. Tal vez decidas ir al parque, donde invariablemente te encontrarás con alguien a quien conoces, con un amigo o con un vecino. Tal vez te encuentres con ellos allí para hacer un pícnic por la tarde, si el clima lo permite. El clima danés es siempre impredecible, pero eso no tiene importancia porque siempre estás preparado. Un pícnic en el parque podría convertirse fácilmente en una tarde en la cafetería. Probablemente, pasarás tiempo con tus amigos en la cafetería, en cualquier caso, ¡es lo que hacen los daneses!

Te subes a tu bicicleta —nueve de cada diez daneses tienen una y, a menudo, la usan a diario— y haces ejercicio que no se siente como tal, mientras vas hasta la cafetería. Ya has comido tu simple almuerzo, un poco de paté de hígado, arenque o cerdo asado. Ahora es el momento para una buena taza de café o cacao y, por supuesto, un dulce delicioso, tal vez un pastel o una gran rebanada de tarta. Los dulces de relleno son definitivamente la parte fundamental del *hygge* y todo lo que sea caminar y andar en bicicleta y la interacción con la naturaleza te da más razones para complacerte. Te reúnes con algunos amigos, un grupo íntimo de tres o cuatro donde puedes hablar de tu trabajo, el clima, los niños o lo que te apetezca. La parte importante de cada día es socializarse y estar con tus amigos. Una de tus amigas trae a su recién nacido en un cochecito y, como hace buen tiempo, todos se sientan fuera mientras comparten pensamientos, café y pastel. Su amiga está disfrutando de su generosa baja por maternidad; tiene un año completo muy satisfactorio para pasar con su hijo antes de volver al trabajo. Todos comparten esta oportunidad humana de criar a un recién nacido, una ventaja del sistema de bienestar social danés.

Una vez que hayas terminado tu descanso en la cafetería, te vas al mercado para comprar algunos productos frescos y otros ingredientes para la cena. Esta es una parte significativa del día, algo que haces la mayoría de los días porque cocinar y comer juntos es una parte muy importante de la vida diaria. Además, la práctica del *hygge* enfatiza el fomento de las relaciones locales y la contribución al bien del mundo: comprar en el mercado es una excelente manera de cumplir con estos elementos. Construyes relaciones con los agricultores, los propietarios, y compras los alimentos más saludables y frescos que puedas encontrar para nutrirte a ti mismo y a tu familia. No se trata de ingredientes extravagantes y quisquillosos, sino de ingredientes frescos y saludables para la sencilla comida que prepararás —con la ayuda de tu pareja, familia o amigos— para la cena de esa noche.

Cuando llegas a casa, decides tomarte un tiempo para cuidarte. Tal vez enciendas algunas velas y te relajes en la bañera antes de preparar la cena. Si es verano, tal vez te sientas afuera con otra taza de café y disfrutes de la luz del sol de tarde con el periódico o simplemente pases un rato tranquilo con tus propios pensamientos. Adelante; de esto se trata el *hygge*. ¡Se necesita alguna recarga para volver a retomar energías! Si es invierno, tal vez enciendas la chimenea y te envuelvas en una manta en tu acogedor *hyggekrog* (rincón del *hygge*) y te pongas a leer un buen libro. Sea lo que sea que decidas, nunca es una mala idea tener un tiempo para cuidarte y dedicar algunos momentos a las actividades que más te gusten.

Una vez que te recargues, estarás listo y ansioso para pasar un poco de tiempo con tu familia y amigos.

Buenas noches

Ahora estás listo para empezar a preparar la cena. La familia ya está en casa, todos saben que la cena es para pasarla juntos y que los amigos son siempre bienvenidos. Todos los mayores contribuyen a la preparación y la presentación de la comida. Debido a que este es un día típico danés, has decidido preparar algo sustancioso y saludable, simple, pero lleno de un sabor reconfortante. Tal vez has decidido cocinar un *stegtflaesk*, uno de los platos nacionales de los daneses, que consiste en un poco de cerdo crujiente y patatas cocidas con salsa de crema de perejil. O, tal vez estás canalizando el espíritu de *hygge* y decides cocinar un guiso con carne y vegetales que compraste en el mercado, algo simple que requiere solo un poco de tiempo para prepararlo y después un buen rato para cocinarlo, mientras llenas la casa con aromas reconfortantes. Esto te da tiempo para hablar con la familia y los amigos, preparar una o dos bebidas calientes y poner la mesa para que todos se sientan bienvenidos y cómodos. Ciertamente, establecer un ambiente agradable es uno de los aspectos clave del *hygge* y es importante presentar una mesa con una bonita vajilla, flores o jarrones decorativos. El enfoque no es sobre los objetos en sí, sino más bien sobre cómo lograr que la mesa sea un lugar acogedor y agradable para querer reunirse. Por supuesto, todo el mundo ha apagado sus teléfonos y ha dejado a un lado sus *tablets* o portátiles, porque se trata de pasar un momento agradable todos juntos.

Una vez que la cena está lista, todos se reúnen y comen en familia. Disfrutan del simple placer de cenar juntos con una buena y fresca comida preparada en casa. Esta puede ser una de las piezas más cruciales del rompecabezas de la felicidad danesa: este tiempo especial en familia no se guarda para las ocasiones especiales en absoluto. Estos momentos son eventos cotidianos, que fomentan una cultura de amabilidad, generosidad y gratitud. Se podría incluso sugerir que los altos índices de felicidad y los bajos índices de pobreza y crimen se deben al simple hecho de que partir el pan juntos es uno de los elementos más unificadores de cualquier sociedad. Algunos dirían que una vez que se pierde eso, hay un tipo de compañerismo que se echa mucho de menos. De esta manera, el énfasis danés en el equilibrio entre trabajo y la vida privada está muy profundamente arraigado en la cultura. Los daneses sienten que no se vive de verdad sin pasar este tiempo preciado con los seres queridos, sin fomentar estas relaciones significativas y sin compartir la vida con los demás.

Después de la cena, al caer la noche —en verano, esto será más tarde; en invierno, el atardecer llega bastante temprano— todos se reúnen en un espacio acogedor. Tal vez todos decidan jugar juntos a algunos juegos amistosos o simplemente charlar. Si tú y tu pareja estáis solos, podéis decidir ver una película juntos, acurrucados en una manta caliente frente al fuego o a la luz de las velas. Tal vez os habéis quedado solos esa tarde, lo que os da la oportunidad de volver a vuestro *hyggekrog* y pasar un par de horas gloriosas leyendo un libro maravilloso. Como tu día lo has pasado disfrutando de cada momento, sin estrés y sin prisa, te duermes con facilidad y sueñas con otro hermoso día lleno de *hygge*.

En resumen

El propio *hygge* es casi indefinible: para algunos, indica un estilo de vida, como se ha descrito más arriba; para otros, indica una sensación personal de comodidad acogedora. Para otros más, indica una mentalidad de estar presente en cada momento del día. Básicamente, la combinación de los tres te acercará a la experiencia del *hygge* en un día típico danés. La razón de la reciente popularidad del *hygge* parece necesitar poca explicación: en un mundo agitado por el estrés y las exigencias, el *hygge* representa un retorno a algo que es más simple, más feliz y, en última instancia, más satisfactorio.

Ciertamente, la sociedad danesa se creó para el *hygge*, con su generoso estado de bienestar, salarios iguales, estables y una inclinación cultural por el equilibrio entre el trabajo y la vida privada. Los daneses no solo tienen la semana laboral más corta de Europa (alrededor de 35 horas para la mayoría), sino que también se les permite al menos cinco semanas de vacaciones pagadas al año y las madres tienen un permiso de maternidad pagado durante un año completo. También hay redes de seguridad social de todo tipo como la enseñanza gratuita hasta la universidad o las prestaciones por desempleo que pagan hasta un 90 por ciento del salario durante un máximo de cuatro años. La pobreza extrema y la falta de vivienda son fenómenos prácticamente desconocidos en toda Dinamarca, y la asistencia sanitaria está nacionalizada y es gratuita. Todo esto sale de los contribuyentes, por supuesto, y los daneses pagan las tasas de impuestos más altas de casi cualquier país del mundo (cerca de un 60 por ciento en el 2019). Aun así, la mayoría de los daneses no se quejan de la alta tasa de impuestos, debido a los beneficios sociales que todos reciben. Es un caso poco frecuente de una sociedad verdaderamente igualitaria en la que la mayoría de la gente cree que su país estará mejor si todos reciben educación, salud y atención cuando sea necesario.

Cuando observamos los otros países occidentales, en particular los Estados Unidos, vemos una gran diferencia entre los muy ricos y los muy pobres, algo que no existe en Dinamarca. La contrapartida, como algunos argumentan, es que realmente no se tiene la oportunidad de hacerse rico en Dinamarca; todo el mundo tiene educación, los salarios son comparables en todos los ámbitos. Elevar tu propio estatus no es fácil. Una respuesta típica danesa podría ser que la felicidad no se equipara con la riqueza o el estatus. Los daneses tienen poco miedo al crimen u otros males que enfrentan las sociedades con una gran desigualdad de riqueza. Estas son solo algunas de las normas sociales que dan a los daneses pocas razones para cambiar su sistema actual.

Si eres una mujer en la sociedad danesa, entonces puede que tengas una visión más beneficiosa de este sistema. Por muchas razones, las mujeres danesas no se sienten presionadas para casarse. En primer lugar, su sociedad es igualitaria; las mujeres tienen tanta educación y oportunidades como los hombres. Tienen acceso al mismo tipo de trabajos estables y bien pagados. Las mujeres no tienen que depender de los hombres para el dinero o el estatus. En segundo lugar, con la generosa baja por maternidad y las prestaciones por desempleo, las mujeres pueden lograr un equilibrio mucho mayor entre el trabajo y la familia, especialmente con respecto a la crianza de los hijos. Este es uno de los aspectos más importantes de la cultura danesa que los demás países occidentales harían bien en considerar. En tercer lugar, el hecho de dejar de hacer hincapié en el matrimonio como una relación transaccional significa que puede convertirse en una relación más satisfactoria desde el punto de vista emocional; puede centrarse en el fomento de una relación, en lugar de un matrimonio contractual.

Por lo tanto, el sistema social danés está diseñado para la práctica del *hygge*. Al vivir en otro país, puede que muchos no tengan los beneficios y la seguridad de ese particular modo de vida danés. Si el estilo de vida del *hygge* te gusta, es siempre posible introducir elementos del *hygge* en tu rutina diaria. ¿Quién no se siente atraído por una vida con menos estrés, con más cuidados y más acogedora? Esto es lo que se requiere para empezar a practicar el *hygge*: un deseo de crear una atmósfera que conduzca a la comodidad y la calma; un enfoque en la unión y la familia, y no en el trabajo o en el estatus; y la creencia de que la riqueza material y los productos de consumo no representan la felicidad. La felicidad es más bien un sentimiento intrínseco que proviene de llevar una vida reconfortante de autocuidado y bienestar. Hay muchas maneras de lograr esta mentalidad y de practicar este estilo de vida, y los próximos capítulos te darán muchas ideas específicas de cómo introducir esta experiencia danesa en tu vida.

Lista de puntos clave

✓ ¡El autocuidado es lo principal! El *hygge* consiste en darte permiso para eliminar todas tus tensiones y preocupaciones para que estés sano y feliz, solo así podrás ayudar a los demás a ser felices y sanos también.

✓ El ambiente refuerza la mentalidad. Una iluminación suave es algo muy necesario para obtener el ambiente propio del *hygge* (la mayoría de los daneses están de acuerdo en que, sin la luz de las velas, no puede haber *hygge*), además de una decoración terrenal y reconfortante, con grandes ventanas cuando sea posible, con simplicidad en el diseño y con un mínimo de desorden. Menos cosas equivalen a más vida.

✓ ¡Simplicidad, simplicidad, simplicidad! El objetivo del *hygge* es apreciar los placeres cotidianos: salir al aire libre, hablar con los amigos, pasar el tiempo en una cafetería, leer un buen libro, quedarse en el presente y apreciar lo que se tiene.

✓ En cuanto a la naturaleza, hay que salir todos los días. El aire fresco y el ejercicio saludable —montar en bicicleta o jugar en el parque— también son cruciales para fomentar la práctica del *hygge*. La naturaleza debería servir de inspiración para disfrutar a diario.

✓ La cultura del café es importante en toda Europa, pero es ciertamente una gran parte del estilo de vida del *hygge*. Se trata de estar con amigos, disfrutar de las bebidas calientes, y de las comidas sabrosas y dulces. Tomar café es fundamental en la cultura danesa.

✓ Los mercados también son importantes y las compras diarias en el mercado local son una forma de vida para muchos. Es una forma de comunicarse con los demás, de contribuir a la comunidad, y de proporcionar alimentos y bienes locales saludables para la familia.

✓ Preparad la cena en casa para que comáis juntos, todos los días, o al menos tan a menudo como sea posible. Apagad los teléfonos y otros aparatos y haced que cada tarde sea como una velada digna de la época de las fiestas.

✓ El éxito no se define mediante algo material. Más bien, se basa en el equilibrio entre el trabajo y la vida; la creatividad y la productividad en tu vida, y la comodidad y la felicidad en tu hogar.

Capítulo 4. El hygge en la práctica: establece el hygge en tu casa

Si lees la mitología nórdica antigua o la poesía tradicional escandinava, te encontrarás con un tema general: la absoluta e inviolable importancia de la seguridad y la protección del hogar. En *Beowulf*, un famoso cuento antiguo que involucra a daneses y a suecos, nuestro héroe debe combatir por el hecho de que la bestia Grendel decide atacar en el gran salón de Heorot. El pecado de Grendel es despreciar las inquebrantables convenciones de la hospitalidad y violar el refugio que es el hogar y el corazón de los grandes pueblos del rey Hrothgar.

Esta ley social de la hospitalidad está muy arraigada en la cultura escandinava, ya que en aquella época los duros inviernos y las malas cosechas podían dejar a la gente sin hogar y hambrienta. Nunca se debe rechazar a un extraño y se les da la bienvenida a todos con la mayor hospitalidad, sin importar lo humildes que sean tus ofrendas.

Mientras que el propio *hygge* es más reciente y quizás más moderado, el sentimiento de la importancia del hogar es el mismo. Está ligado a una larga y duradera tradición en la que las interacciones sociales más importantes tienen lugar en un ambiente cálido y seguro en el que se comparten alimentos, bebidas y relatos. A partir de esto, los daneses modernos han adoptado el *hygge*, con su énfasis en los placeres sencillos, en la cultura del café, en la unión de las personas, en el fomento de la felicidad, en el cuidado de sí mismo, en la interacción social y no en los bienes materiales.

El *hygge* no solo es un estado mental con el que se crea una sensación de bienestar y de comodidad, sino que también abarca un estilo visual particular y un componente ambiental que ayuda a la sensación general de satisfacción. En los últimos años, los diseñadores han impulsado el estilo danés en la decoración del hogar y de los lugares de entretenimiento, y esto es fácil de replicar en tu casa. Adaptar el *hygge* en tu hogar es importante si realmente quieres cambiar tu estilo de vida. Hay muchas maneras de personalizar tu casa, por supuesto, pero las siguientes son algunas de las pautas para lograr una sensación de comodidad y felicidad inspirada en el *hygge*.

El hygge en toda la casa

Hay ciertos elementos del estilo *hygge* que son relevantes y se adaptan a cualquier espacio en el hogar. Algunos de estos elementos tienen que ver con la creación de un ambiente general de bienvenida, calidez y comodidad, mientras que otros tienen que ver con la creación de un estilo que respalda el ambiente que se está tratando de crear. No se puede sobrestimar lo importante que es adaptar tu casa al estilo *hygge* si lo que quieres es vivir una vida llena de *hygge*; la comodidad y la vitalidad del hogar es uno de los elementos centrales de esta filosofía danesa.

    o **Iluminación:** este es uno de los elementos más cruciales para crear un ambiente *hygge* en tu casa. Como se menciona en los capítulos iniciales, la mayoría de los daneses ven un vínculo directo entre las velas y el *hygge*: de hecho, muchos dicen que, sin velas, no puede haber un espíritu hogareño del *hygge*. Por lo tanto, lo que muchos americanos pueden ver como un peligro de incendio es esencial para esta forma de vida en Dinamarca. Basta con ejercer el sentido común y una dosis de precaución al colocar y encender las velas en toda la casa para no tener problemas. Aparte de las velas, piensa en la iluminación de adorno —unas pequeñas lámparas en los rincones de las habitaciones; interruptores de atenuación para espacios más grandes— en lugar de una intensa iluminación de techo. La luz natural también es cálida y tentadora, dependiendo de la época del año y del ángulo del sol; en las casas *hygge*, las ventanas son generalmente grandes y están descubiertas para permitir que el mundo natural brille dentro de la casa. Como todos sabemos por el hecho de cenar fuera o acurrucarnos con alguien en el sofá, la iluminación es clave para crear un ambiente; el ambiente que quieres crear en tu hogar *hygge* es uno de comodidad relajante. La iluminación suave debería ser la regla general de toda la casa.

o **Otros elementos visuales:** el color también es importante para un hogar del estilo *hygge*, con un énfasis en los colores neutros y serenos que sirven para complementar la iluminación suave y natural y contribuyen a la sensibilidad tranquilizadora del hogar. Cuidado con el embellecimiento excesivo, que distrae del efecto general de la calidez.

o **Música:** casi tan importante como la iluminación para crear el ambiente, lo que escuchamos a menudo impacta en cómo nos sentimos con el mundo que nos rodea. Esto puede significar que en tu hogar *hygge*, el silencio es mejor para permitir que los sonidos de la naturaleza entren si vives en una zona rural o si estás de vacaciones en una cabaña en el bosque. Si vives en una ciudad ajetreada o en un edificio lleno de gente, poner música de ambiente en toda la casa es una excelente manera de mejorar el ambiente *hygge*. Una vez más, el énfasis está en la comodidad calmante; tal vez la música clásica se adapte más a tu estilo, o el jazz suave, o los instrumentos simples. Comprueba también el volumen; esta debe ser una música de fondo, no una distracción de la conversación o de las actividades con la familia y los amigos.

o **La calidez:** también es un elemento clave dentro de un hogar *hygge*, lo que tiene mucho sentido si se piensa en un clima norteño. Dinamarca tiene la fama de tener los inviernos fríos y largos, así que el *hygge* debe de haber sido desarrollado, en parte, para lidiar con este tipo de amenaza climática. También es psicológicamente potente la idea de refugiarse en medio de la tormenta, con la que todos podemos relacionarnos sin importar de dónde venimos. Un refugio en medio de un clima tormentoso es un tropo que encontramos en la literatura desde los tiempos de Homero y su *Odisea*. Aparte de eso, la idea de la bienvenida se enfatiza con la calidez. Por estas razones, asegúrate de comprobar la temperatura de tu casa y procura que todos los que la visiten se sientan calentitos (es decir, bienvenidos y seguros). Además, piensa en proporcionar mantas —no solo en las camas, sino también alrededor de la casa— como una especie de decoración utilizable, que proporciona calidez y comodidad dondequiera que una persona decida deambular.

o **Crea *Hyggekrogs*:** una casa tiene que tener un rincón confortable y acogedor, e idealmente, tu casa *hygge* tiene que contar con más de uno o dos. Un cojín y una manta frente a la chimenea, un asiento de ventana en el dormitorio, un diván en la oficina para leer, o un rincón de sol con una mecedora. Todos estos son lugares tranquilos donde tú, tu familia o tus amigos pueden acurrucarse con un buen libro, un periódico o una simple taza de café y tus propios pensamientos. Estos pequeños rincones deberían tener mantas, cojines y una iluminación suave para acomodar el cuidado personal diario de cualquier persona.

○ **Aromas agradables:** cualquiera que recuerde las visitas a la casa de sus abuelos bien puede recordar el aroma tan agradable del pan, galletas o pasteles horneados. Si tienes suerte, estos aromas te recuerdan a tu propia casa durante tu infancia. Si una casa está bien iluminada y decorada con cariño, poco importa si no tiene también un aroma encantador que la acompañe. Como todo el que haya leído a Proust sabe, el aroma desencadena nuestros recuerdos más intensos y este elemento ambiental no se debe olvidar. Aparte de hornear pan o pasteles, podrías colocar flores o plantas por toda la casa y asegurarte de que no sean abrumadoras o causantes de alergias. Hay muchas fragancias naturales disponibles para añadir un toque atractivo a tu espacio personal. De nuevo, la clave aquí es la sutileza; demasiada fragancia se convierte en una molestia y cuando los aromas se mezclan, se convierten en una distracción.

○ **Decoración natural:** al elegir la decoración de tu hogar *hygge*, céntrate en usar los elementos naturales como la madera, las flores secas, las piedras y otros elementos que provienen directamente de la naturaleza. Uno de los énfasis del estilo de vida *hygge* es respetar y disfrutar de la naturaleza, por lo que el uso de los elementos naturales para la decoración contribuye a este propósito. Esta es también una excelente manera de practicar otro hábito danés: el reciclaje. Los daneses son frugales en el sentido de que no está bien visto dejar que nada se desperdicie, por lo que la reutilización de viejos trozos de materiales naturales entra, sin duda, dentro del estilo de vida *hygge*. Esto también se hace con el ánimo de quitarle importancia a la cultura del consumo, ya que muchos elementos de la decoración danesa se pueden «encontrar» con facilidad: piedrecitas del lago de la zona llenan un jarrón de la mesa; las flores del campo de detrás de la casa se secan para llenar un jarrón en la mesa; las semillas y las judías se colocan a capas en tarros para exhibirlas en la cocina. Abraza lo imperfecto y observa los objetos antiguos de una manera diferente; hay mucha belleza en las baratijas y recuerdos que ya tienes en tu posesión. Utiliza tu imaginación y tu ubicación para determinar cómo crear tu propio hogar *hygge* personalizado. Piensa en la combinación de colores, también, utiliza colores naturales y neutros en lugar de colores brillantes y dominantes.

o **Textiles en la decoración:** cuando se agregan elementos para embellecer tu hogar *hygge,* se pueden añadir capas de textiles. Lo más importante para el espíritu *hygge* es la sensación de suavidad: unos calcetines cálidos, unas mantas acogedoras o unas sábanas suaves. Además, al añadir distintos textiles con un poco de variedad, se puede transformar el aspecto minimalista danés de una manera sencilla y sutil. Una vez más, hay que atenerse a los elementos naturales como el cuero, la lana o las maderas; hay que usar una buena dosis de moderación, ya que un hogar *hygge* es también un hogar minimalista.

o **El orden:** otra clave para la creación de un hogar *hygge* que resulte acogedor para todos es mantenerlo limpio y ordenado; el desorden resta importancia a la atmósfera relajante que tanto te ha costado conseguir y minimiza tu enfoque de vivir la vida en lugar de acumular cosas. Un hogar *hygge* no es de ninguna manera un hogar austero, lleno de bordes afilados o espacios escasos. Es, de hecho, todo lo contrario, con mantas acogedoras y rincones reconfortantes en los que acurrucarse. También es limpio y ordenado, sin elementos que interrumpan las interacciones entre la gente o los rituales calmantes de cuidado personal.

El salón

Lo más importante que hay que recordar sobre el área del salón es que es el corazón del hogar (junto a la cocina) y hay una razón por la que las palabras *hogar* y *chimenea* van juntas: la mayoría de los hogares *hygge* tienen una chimenea. La chimenea proporciona calor e iluminación suave, así como un recuerdo de la naturaleza dentro de la propia casa. Pero no te desesperes, si vives en un hogar sin chimenea: constrúyela tú mismo. Es, sin duda, engañoso poner una imagen virtual de un fuego parpadeante en el televisor. Sin embargo, esta es una opción que no se debe descartar. Incluso un fuego virtual puede ayudar a crear una atmósfera de calor. Ver y escuchar un fuego crea una respuesta pavloviana en la mayoría de los casos y provoca sensaciones de calidez y confort independientemente de la realidad del fuego. Ciertamente, las chimeneas crean esa ilusión. El fuego también es bastante simbólico en todas las culturas, porque representa la calidez y simboliza el compañerismo, la comida, la preparación de la carne y el pan. Trae a la vez luz y vida, y el fuego brilla con la posibilidad de refugio y comodidad al final de un largo viaje. La hospitalidad está incrustada en la idea del hogar y la asociación romántica del fuego con nuestros antepasados y culturas tradicionales no se olvida pronto. Mientras que el fuego en sí mismo es simplemente una fuente de calor y luz, su importancia ambiental real supera con creces su uso práctico.

Crea un punto central del salón en el que todos puedan reunirse con comodidad (la idea básica de una chimenea), como una mesa de café baja rodeada de cojines y mantas para sentarse, o una dispersión de sillas cómodas que se colocan para invitar a la conversación. La mayoría de nosotros convertimos automáticamente nuestro televisor en el punto central de nuestro salón; aunque no haya nada inherentemente malo en ello, no es la mejor manera de crear un espacio para la interacción y la unión. Si así es como está organizado tu salón, considera la posibilidad de establecer un área de hogar secundaria para esos momentos de *hygge*, cuando los aparatos electrónicos están en silencio y los huéspedes se relacionan entre sí.

Dormitorios

Por supuesto, los dormitorios de los invitados deben ser tan cálidos y acogedores como el tuyo propio. De hecho, muchos expertos en el hogar te sugerirán que pases una o dos noches en la habitación de invitados para ver qué comodidades faltan antes de invitar a tus amigos o familiares. Sin duda, las camas deben ser cálidas, tener muchas mantas y todo debe estar ordenado con el espacio suficiente para acomodar a los huéspedes.

Hay otras pequeñas cosas en las que pensar que pueden marcar la diferencia en un hogar *hygge*: tener algunos libros disponibles para que cualquiera pueda leerlos, con la elección de los temas según la comodidad y la seguridad, así como la edad apropiada. Coloca un pequeño tazón o plato con tentempiés no perecederos para que el huésped pueda servirse un tentempié de medianoche si lo desea. Decora con algunas luces de hadas, si las velas no son una opción factible. Pon un par de recuerdos personales como decoración, en lugar de algo sin carga emocional. De nuevo, piensa en lo que quieres tener a mano cuando pases tiempo de calidad en tu dormitorio durante la tarde o la noche. Tu huésped debería querer quedarse en la cama una o dos horas más, solo por el puro placer de hacerlo.

Cuartos de baño

Algunos de los hechos indiscutibles sobre los cuartos de baño es que se ensucian muy rápido y tienden a ser desordenados. Contienen artículos que usamos todos los días y se convierten en la opción más fácil de dejarlo todo tirado. En un hogar *hygge*, debes considerar dos cosas para complementar la atmósfera de todo el hogar que te ha costado tanto crear. Primero, encuentra un lugar apropiado para guardar todo lo que usas diariamente, y segundo —si no tienes un espacio para todo— considera minimizar el desorden en el cuarto de baño. Como uno de los puntos del *hygge* es apreciar la simplicidad, quizás no necesites cuatro tipos diferentes de champú o diez tonos diferentes de sombra de ojos. Esto es parte de la mentalidad de vivir una vida simple.

En el cuanto al baño de invitados, piensa en la comodidad: toallas suaves y cálidas con extras por si acaso, un cajón o armario con artículos de tocador comunes para que los invitados los usen cuando los necesiten. También añade algunos productos de baño y batas cómodas para propiciar un baño relajante. Piensa en tu cuarto de baño como una zona de un spa minimalista, ya lo sabes.

Cocina y comedor

Además del salón, la cocina es la parte más importante de la casa, donde se reúne a la gente y se les da alimento y amor. Además de la comida simple y abundante, siempre hay bebidas calientes a mano, café, té y cacao. La iluminación de la cocina a menudo puede ser fuerte, ya que una iluminación intensa es necesaria para cocinar con precisión, así que asegúrate de considerar otras fuentes de luz para cuando todo el mundo se reúna en la cocina. Coloca tazones de fruta como decoración o como tentempié y asegúrate de mantener la cocina ordenada, al igual que el resto de la casa, ya que es imposible cocinar bien en una cocina desorganizada.

A la hora de cenar, pon la mesa. No importa si tus manteles, cubiertos, platos o vasos son caros y elegantes; lo que importa es que estés creando un ambiente adecuado. Los platos de papel y los vasos de plástico no suelen ofrecer un ambiente cálido y acogedor, y el autoservicio en la mesa es mucho más atractivo e interactivo que tomar un plato y llenarlo uno mismo antes de entrar en el salón para comer frente al televisor. Dos reglas generales en mi propia casa son que la cena nunca se come con la televisión encendida o con los dispositivos en la mano, y que la mesa siempre está puesta —aunque sea de manera humilde— con los ajustes del lugar individual y los platos y tazones colocados para que cada uno se sirva a sí mismo al estilo de la familia. Para muchos, esto puede parecer un trabajo extra, pero si se practica el *hygge* con el espíritu adecuado, es otra forma de construir una comunidad y unas mejores relaciones alrededor de la mesa, así como de animar a todos a contribuir.

Fuera de la casa

Aunque esto depende del lugar en el que vives, crear un hogar *hygge* también implica tener un espacio al aire libre para reunirse e interactuar. Puede ser un patio trasero con un cómodo conjunto de sillas dispuestas alrededor de una chimenea portátil o un fogón. Puede ser un balcón con algunas plantas preciosas y vistas. Puede ser un jardín equipado con una carpa o un área de pícnic central. Incluso podría ser una entrada, algunas sillas plegables y una buena puesta de sol. Cualquiera que sea tu situación, la casa *hygge* debería tener algún tipo de componente exterior, si el tiempo lo permite. Un pícnic improvisado en el patio trasero es tan *hygge* como calentarse las manos alrededor de una hoguera.

Lista de puntos clave

✓ El ambiente lo es todo y la iluminación quizás sea el aspecto más esencial para crear el ambiente *hygge* adecuado. Las velas son la clave, pero también existen muchas otras formas de proporcionar una luz suave y de aspecto natural.

✓ Mantenlo puro y simple: el *hygge* tiene que ver con la comodidad minimalista, no con el desorden y el consumo.

✓ Piensa en incorporar una chimenea, ya sea de fuego encendido, virtual o como un punto improvisado para el área donde vives. Debe existir un lugar de reunión cómodo en el que se fomente la buena conversación y la buena compañía.

✓ La decoración debe complementar el ambiente *hygge* en vez de quitarle importancia; piensa en materiales encontrados, elementos naturales y colores neutros para obtener los mejores resultados.

✓ Piensa en los cinco sentidos al crear tu hogar *hygge*: vista (iluminación, combinación de colores, orden), sonido (música suave o sonidos naturales), olfato (pan en el horno, flores secas, aromas naturales), tacto (mantas suaves, tejidos naturales) y gusto (bebidas calientes, comida sencilla y abundante, tentempiés dulces).

✓ Piensa que cada habitación de tu casa es como una especie de santuario, un refugio tranquilo y reconfortante que fomenta tanto el cuidado personal independiente como la unión comunitaria.

Capítulo 5. El hygge en la práctica: un armario adaptado al estilo hygge

Hygge no es solo para tu casa o tus días libres, también es para tu vida diaria. Según algunos de los principales expertos del *hygge* (concretamente, Meik Wiking, quien se menciona en el capítulo 1), casi todo lo que haces o posees puede ser adaptado al *hygge*. Por lo tanto, las tendencias de la moda también se han puesto al día con la gran popularidad de este estilo de vida danés, y si quieres lucir —y sentir— el *hygge*, los diseñadores y los puntos de venta ya tienen más que suficiente para ofrecer. Del mismo modo, hacer que tu vestuario sea más acorde al *hygge* no tiene que costar una fortuna, ya que la palabra clave es *comodidad* y probablemente ya tengas algunas prendas muy *hygge* en tu armario.

De acuerdo con toda la información mencionada arriba con respecto al estilo *hygge*, tu vestuario *hygge* consistiría en colores neutros, algunos insisten en mucho negro y en tejidos suaves, con bufandas y calcetines cómodos en abundancia. Las capas de ropa también pertenecen al espíritu *hygge* y esto tiene mucho sentido ya que la tendencia viene de un clima de invierno muy frío.

¿Por qué deberías adaptar tu vestuario al estilo *hygge*? Porque eso te ayudará a sentir una sensación general de bienestar, a sentir que tu estilo de vida te abraza en un cálido abrazo que necesitas para sentirte cálido y cómodo en toda tu ropa. Aprender a relajarse y a permanecer en el momento presente durante tu vida diaria requiere ropa que no sea quisquillosa, que pueda ser elegante sin ser incómoda, que pueda ser minimalista y, a la vez, esté a la moda. Como con cualquier armario, hay excelentes estilos *hygge* para todas las actividades, desde visitar una cafetería a montar en bicicleta o pasear por el parque, hasta quedarse a cenar con la familia. Cualquier prenda del estilo *hygge* resultará relajada y cómoda, y el hecho de que el mundo de la moda se haya enterado de esta tendencia significa que algunas de estas prendas pueden ser bastante bonitas de una manera discreta. Lo esencial es que tu ropa se adapte a tu estado de ánimo. Así como la decoración de tu casa crea un ambiente propicio para la felicidad sin estrés, tu vestuario puede ser el escenario de una sensación del *hygge* que te acompañe a todas partes.

Lista de puntos clave

✓ El tejido de punto es esencial para el estilo *hygge*. No solo es cómodo y asequible, sino que también es fácil de cuidar, sin instrucciones de cuidado especial, en su mayor parte. Las líneas suaves y fluidas definen el estilo.

✓ Las prendas de mayor tamaño también están muy en consonancia con la tendencia *hygge*, especialmente los jerséis de gran tamaño. Este es un estilo que nunca pasa de moda, en cualquier caso, al menos dentro de la casa. Para salir, un cárdigan de un color neutro es el accesorio perfecto para completar un conjunto y mantenerte caliente durante todo el día.

✓ Calcetines, calcetines y más calcetines: uno de los principales componentes de cualquier armario *hygge* es un amplio suministro de calcetines acogedores y cómodos; voluminosos para llevar por la casa, especialmente cuando estás acurrucado en tu *hyggekrog* para leer un libro y calcetines más elegantes para las excursiones a la cafetería, para que quepan en tu par de mocasines favoritos.

✓ La ropa deportiva de ocio lleva dominando la industria de la moda durante años; el giro *hygge* en eso es la ropa de lana. Un poco más sueltos y suaves, los pantalones de lana te liberan de la rigidez de la tela vaquera y se pueden adaptar a cualquier ocasión. Prueba con un cómodo *blazer* para un look más formal o ponte un suéter o un cárdigan de gran tamaño para un estilo más cómodo.

✓ Además de los calcetines cómodos, la prenda de moda más característica del *hygge* es la bufanda. Al igual que el suéter de gran tamaño, la bufanda viene en una variedad casi infinita de formas y tamaños, desde grande y voluminosa como la de Harry Potter, a elegante y fina. Sea cual sea tu preferencia, ten en cuenta que la bufanda no es solo un accesorio de moda, sino una pieza de ropa necesaria para los climas más fríos: las bufandas deben ser tanto prácticas como bonitas, para que encajen con el espíritu del *hygge*.

✓ Además, no dejes de usar el suéter —o incluso la bufanda— durante los meses más cálidos de primavera o principios de otoño. En su lugar, busca suéteres menos voluminosos o menos largos y bufandas elegantes de material ligero para acentuar tu aspecto en cualquier época del año. La función de estos es darte una sensación de seguridad confortable, aunque no los necesites en absoluto para el propósito práctico del calor.

✓ Vestirse en capas es también algo muy *hygge*. Al igual que el suéter de gran tamaño y la bufanda voluminosa, la superposición de capas puede servir a un propósito muy práctico y también está en consonancia con el espíritu libre que subyace en la filosofía del *hygge*. Además, este es otro guiño al clima real en el que crece el *hygge*: el clima en Dinamarca es notoriamente cambiante, por lo que la superposición de capas es una excelente manera de estar preparado para cualquier clima. Puede ser sombrío en tu camino a la oficina, pero soleado y cálido cuando vas en bicicleta a encontrarte con tus amigos en la cafetería local, o viceversa. Como dice un famoso dicho danés, «En Dinamarca no hay mal tiempo, solo mala ropa». El uso de capas te prepara para cualquier tipo de clima y te permite disfrutar del día, sin importar lo que dicte el cielo.

✓ Las batas que se usan en la casa también son también muy *hygge*. Tener una bata a mano durante cualquier temporada es una excelente manera de invitar al cuidado personal y a una indulgencia moderada. Ponerse una cómoda bata al salir de la ducha por la mañana prácticamente te pide que prepares otra taza de café o cacao y te sientes en tu rincón acogedor con un libro o un proyecto de manualidades. Invierte al menos en un par de batas, una para los meses más cálidos y otra, para los más fríos.

✓ Como ya se ha mencionado, los colores neutros están más en sintonía con el espíritu *hygge* que los colores y patrones audaces o brillantes. Los tonos pálidos como los beis y los blancos son ciertamente *hygge*, aunque el negro también es una opción muy popular. El negro apagado, como el carbón, es una parte importante de la moda *hygge*. Ir todo de negro —especialmente en tonos ligeramente variables— es bastante elegante si se hace con la idea de la moda *hygge* (es decir, suelto, fluido y en capas).

✓ Una verdadera importación de la moda danesa es también una pieza imprescindible para los grandes amantes de la moda: el estilo del suéter que lleva Sarah Lund, la protagonista de la inmensamente popular serie de televisión The Killing. Su suéter se puede describir como uno de punto de tamaño ligeramente excesivo con un patrón un poco subestimado. Es el suéter perfecto para una salida por la tarde durante los meses más frescos.

✓ Recuerda: aunque salgas para una velada más formal, es también posible capturar el espíritu *hygge*: mantente caliente, por encima de todo. No tengas miedo de llevar una chaqueta larga y cómoda o una chaqueta de lana con un vestido de gala para por la noche. Si hay algo que la filosofía *hygge* no tolera es sentir frío, todo lo contrario del bienestar o del calor de un abrazo.

✓ En cuanto a tu vestuario *hygge*, es principalmente un vestuario centrado en la misma sensación de estar en una casa acogedora, cálida y confortable. Por lo tanto, la mayor parte de tu vestuario *hygge* no tiene que ser elegante, nuevo o impresionante. Si pensaras en términos de alta moda, podrías pensar en coordinar tu vestuario con tu diseño interior, tanto práctico, como en consonancia con el espíritu *hygge*. De cualquier manera, sin duda ya tienes un puñado de cómodos suéteres, cárdigan y pantalones de lana para tu ropa diaria de casa; utilízalos e invierte en algunos artículos más bonitos para reunirte con tus amigos o para salir a cenar. ¡Ahora ya tienes un estilo personal *hygge* que puedes llevar contigo a cualquier parte!

✓ También puedes incluir lo *hygge* en tu propio régimen de belleza. El estilo *hygge* es puro y simple, y esto es exactamente lo que tu cuidado de la piel y el régimen de maquillaje también deben ser. Una paleta de colores neutros, cremas hidratantes excepcionales, y tal vez algunos aceites esenciales y exfoliantes son todo lo que necesitas para mantener un brillo encantador que viene tanto de adentro —al practicar la forma de vida hygge— como de afuera.

El espíritu *hygge* celebra las pequeñas alegrías de la vida y permanece presente en cada momento: esto no debería requerir que pienses demasiado en tu atuendo diario o que te sientas obligado a vestirte para los ideales de otra persona. El cuidado de uno mismo significa respetar el yo, al igual que te tomas el tiempo para cuidar de tu salud física. De esta manera, un vestuario *hygge* celebra el deseo de una mujer de verse bonita sin someterse a las exigencias externas: las de las otras mujeres, hombres o revistas de moda. Esto no significa que vestirse con un estilo *hygge* no sea atractivo o sexy. El atuendo *hygge* está diseñado simplemente por las mujeres para las necesidades de la mujer. Es bonito, práctico, cómodo y acogedor, una excelente manera de presentarse como una mujer trabajadora, como una mujer de recursos, como una madre, como una amiga. Este estilo debe expresar tu estilo personal y tu inteligencia.

Una mentalidad *hygge* también consiste en frenar y reducir el exceso. Su vestuario puede —y debería— expresar eso; coordinar un número desmesurado de accesorios molestos no está en el espíritu de disfrutar de la vida diaria sin estorbos. Las consideraciones prácticas deben impulsar la elección de los accesorios en lugar de cualquier tipo de pensamiento de moda de arriba hacia abajo. Esto te pone en el asiento del conductor, incitándote a convertirte en un consumidor activo en lugar de un comprador pasivo. De nuevo, lo práctico puede ser bonito, a veces incluso más bonito que lo artificioso. Así que, cuando pienses en tu estilo de vida *hygge*, recuerda que debes dejar que tu belleza natural brille, incluso a través de la elección de tu ropa.

Hygge también tiene que ver con la relajación, el evitar el ajetreo diario que a menudo lleva a las personas a sucumbir a las presiones y las demandas externas en lugar de a las alegrías internas y los placeres prácticos. Es difícil sentirse relajado con una ropa restrictiva o tan brillante y atrevida que todas las miradas estén puestas en ti todo el tiempo. En lugar de trabajar tan intensamente para impresionar a los demás, deberíamos trabajar duro para ayudarnos a nosotros mismos a alcanzar la felicidad y la serenidad. Una forma de bajar las presiones de la vida diaria es permitirse usar ropa que sea cómoda y libre, que te recuerde cómo mantener una sensación de seguridad tranquila. En definitiva, el modo de vida *hygge* —especialmente para las mujeres trabajadoras, divididas entre tantas demandas conflictivas— consiste en ser más amable con uno mismo. Darse el tiempo, el espacio y el permiso para relajarse y disfrutar de los simples placeres de la vida es uno de los mayores regalos que puedes hacerte a ti mismo. En esta era actual de constante superación, se nos dice que debemos trabajar cada vez más duro para estar más sanos y mejor. Esta falacia a menudo significa una cosa simple, especialmente para las mujeres: *hay que estar más delgada*. Mientras que existe una tendencia contemporánea a abrazar todo lo auténtico (la comida, la cerveza artesanal, los productos artesanales, los muebles y los encurtidos hechos a mano), esta nueva moda tiende a saltarse a las mujeres en cuanto a la forma en la que se les pide que se presenten. Las modelos y las estrellas de cine dominan las páginas de las revistas de moda, las pantallas de cine y nuestros televisores; para la mayoría, este concepto de belleza es inalcanzable e incluso poco saludable. Aquí es donde la influencia del *hygge* se siente de una forma lenta, pero segura. En las últimas dos décadas, los cambios en las actitudes sociales y el rápido crecimiento de la tecnología nos han permitido ver muchos tipos de personas en todas las formas, tamaños y estilos de belleza. *Hygge* es una tendencia que ha abrazado la idea de que la belleza no es simplemente un ideal y que no debería ser difícil o incómoda. De hecho, debería ser fácil, agradable, cómoda y única para ti. Esta filosofía ha sido una fuerza impulsora de la cultura danesa durante muchos años y ha dado lugar a una de las culturas más femeninas del mundo, ¡por no hablar de dar a luz a las personas más felices de la tierra! *Hygge* no es simplemente una tendencia pasajera, sino que es una verdadera forma de vida que podría enseñarnos un poco sobre el amor propio y la bondad.

Capítulo 6. El hygge en la práctica: las ganas de comerse el hygge

Como en cualquier tradición de cualquier cultura del mundo, la comida juega un papel importante. Sería difícil pensar en el Día de Acción de Gracias sin el pavo, por ejemplo, o imaginar el Día de San Patricio sin el pan de soda o la cerveza. Aparte de estos ejemplos laicos, las culturas con tradiciones religiosas muy arraigadas también tienen alimentos representativos, como la matzá durante el Pésaj o los dátiles para romper el ayuno diario durante el Ramadán. Dinamarca es muy cristiana en sus tradiciones religiosas y, en el próximo capítulo, veremos cómo el *hygge* y las fiestas —la Navidad o la Pascua, por ejemplo— van de la mano. El *hygge* en sí mismo es una tradición secular arraigada en la cultura danesa y también da lugar a tipos particulares de alimentos y bebidas que tienen un espíritu específico de bienestar y de comodidad.

¿Qué es lo que hace que una comida sea *hygge*? Los alimentos reconfortantes, cálidos y acogedores encajan en esta categoría: al igual que la palabra *hygge* se remonta etimológicamente a la palabra *abrazo*, los alimentos que se comen mientras se practica el *hygge* deben representar a un abrazo de adentro hacia afuera. Dado que la palabra *hygge* también se refiere a la unión entre la familia y los amigos, los alimentos *hygge* deben compartirse con los seres queridos en la mesa, con mucha conversación e interacción. Puede ser algo que se coma en una cafetería o en tu propia casa. El *hygge* no está directamente relacionado con la salud —un bollo de azúcar es muy *hygge* mientras que los palitos de apio no lo son— pero fomenta la moderación. El énfasis del *hygge* en la actividad al aire libre ciertamente equilibra el significativo consumo del cacao o el pastel, ¡o al menos esa es la idea! Comer de una forma *hygge* no se trata de sentir culpa o de contenerse; se trata de salud en el sentido de cuidado personal, comodidad y convivencia con los demás. Partir el pan con otros siempre ha sido un acto sacrosanto y el *hygge* enfatiza las alegrías y placeres de compartir la comida alrededor de una mesa llena de gente.

Bollos y pan para el desayuno

Como dicen los rumores, el desayuno es la comida más importante del día y eso no podría ser más cierto al comenzar el día de una forma *hygge*. Una taza grande y caliente de café o cacao (o té, si se prefiere) es imprescindible para empezar una mañana fría, acompañada de un buen desayuno para alimentar tu paseo en bicicleta, para tu trabajo diario, o simplemente para animarte a encender el fuego antes de instalarte en tu rincón acogedor con un buen libro. Las siguientes recetas son solo una representación rápida de todo lo que la comida danesa tiene que ofrecer para romper el ayuno cada mañana. Recuerda: ¡la comida *hygge* no tiene que ser exclusivamente danesa! Una galleta recién horneada o un plato de gofres calientes rellenos de nueces o tocino y cubiertos con jarabe también encajan muy bien. Prueba estas ideas a continuación para un enfoque más específicamente escandinavo de la primera comida del día.

Nota: todas las recetas de este capítulo se presentan como un conjunto de instrucciones y son más un método que una receta en el lenguaje tradicional de los libros de cocina. Lee cada paso con atención antes de juntar los ingredientes y empezar a cocinar.

Rugbrød: el pan de centeno danés

Para dos panes

Esta receta tradicional parece un poco intimidante al principio, pero una vez que pasas de la lista de ingredientes y empiezas con la preparación, obtienes un pan delicioso y sustancioso, para cualquier momento del día.

o Mezcla con una taza pequeña los granos de centeno partidos, el trigo partido, las semillas de lino y las semillas de girasol. A esto, agrega 1 ½ tazas de masa madre (hay muchas maneras sencillas de hacerla, con solo levadura, harina y agua: en Internet puedes encontrar una variedad de recetas), 3 tazas de agua y 1 o 2 cucharadas de jarabe de malta (la melaza también servirá). Mezcla todos estos ingredientes por la noche antes de hornear los panes para dejar que todo se remoje durante unas 8 horas.

o A la mañana siguiente, agrega una taza y media de harina de centeno y otra taza y media de harina común, junto con una cucharada de sal. Deja que la masa se levante durante aproximadamente una hora y media. Hornea los panes en dos moldes estándar en un horno precalentado a 180 grados centígrados durante una hora. Saca tus queridos panes de los moldes, déjalos enfriar un poco antes de cortarlos y untarlos con mantequilla, un yogur salado, uno azucarado o mermelada.

Gachas: un alimento básico

Aunque muchas cosas podrían llamarse el plato nacional de Dinamarca, las gachas de avena son sin duda uno de los platos principales. ¡Hay muchísimas recetas de gachas de avena! Aquí tenemos una simple muestra de este clásico, que va más allá de la avena para microondas de la infancia americana.

o Para una porción, mezcla unos 120 gramos de avena (u otro grano abundante, como el farro, la escanda o la quinoa; los tiempos de cocción variarán, por supuesto) con una taza de agua en una pequeña cacerola. Añade una manzana sin semillas y cortada en cubos y una taza de bayas (arándanos, moras, frambuesas), junto con 1/3 de taza de nueces picadas, almendras, pacanas o nueces. Añade una o dos pizcas de sal y deja hervir a fuego lento hasta que la mezcla quede espesa y los granos estén tiernos. Una vez apagado el fuego, sirve con un poco de leche o crema —o una cucharada de yogur— y añade un poco de sal para obtener más sabor. También podrías añadir un poco de miel, para darle dulzura.

Como puedes ver, esta receta es definitivamente un método básico para elaborar de acuerdo a tus propios gustos y según lo que haya en tu despensa o refrigerador. Para mantener la tradición de frugalidad, a los daneses también les gusta preparar las gachas con *rugbrød* duro, pasas, cáscara de cítricos secos, miel y especias.

Ebleskivers: tortitas danesas

Para unas tres docenas

Estas esponjosas creaciones parecidas a las tortitas se podrían servir para el té de la tarde, o *fika*, como se le suele llamar en Dinamarca, así como para el desayuno. Aunque existe una sartén especial para ayudar a que estas tortitas conserven su forma de galleta y se levanten, también se pueden cocinar con facilidad en una sartén o en una plancha, como las tradicionales tortitas de estilo americano.

o Mezcla 2 tazas de harina, una cucharadita de polvo de hornear y otra de bicarbonato de sodio, una generosa pizca de sal y un cuarto de cucharadita de canela en un gran tazón para mezclar. Deja esta mezcla a un lado mientras preparas los ingredientes líquidos.

o En otro tazón para mezclar, bate 3 claras de huevo hasta que se formen crestas rígidas, esto ayudará a que los *ebleskivers* se eleven y sean más esponjosos.

o En otro tazón, bate las 3 yemas de huevo con un par de cucharadas de azúcar hasta que queden incorporadas y después añade lentamente 2 tazas de suero de leche, 2 cucharaditas de vainilla y bate de nuevo. Agrega los ingredientes secos y las claras de huevo batidas.

o Para cada tortita pequeña, usa una cucharada redonda de masa. A cada una, agrega una cucharadita de fruta finamente cortada: las manzanas peladas son las más tradicionales, pero también puedes usar duraznos, peras, o incluso bayas pequeñas. Cocina en una plancha, sartén normal o en una sartén especial para los *ebleskivers* bien aceitada hasta que los bordes empiecen a burbujear y los fondos comiencen a dorarse ligeramente. Voltea y cocina durante un minuto más, luego sirve espolvoreados con azúcar en polvo o cubiertos con una cucharada de crema batida.

Almuerzo y comida ligera

El almuerzo suele ser una comida más ligera en Dinamarca, ya que se realiza entre las dos apreciadas tradiciones de un desayuno abundante y caliente, y las delicias de la tarde del *fika* (café y un dulce tentempié). Las recetas que aparecen a continuación son solo una muestra rápida de lo que puede haber en el menú, pero existen innumerables variaciones al respecto. La categoría de *smørrebrød* en sí misma es simplemente un lienzo en blanco para cualquier número de ingredientes y la popularidad de la sopa ofrece una vertiginosa variedad de opciones, desde calabaza hasta coliflor o guisantes partidos y ¡la lista continúa! Además, el almuerzo también puede consistir en una abundante cazuela de verduras o una sabrosa variación de gachas. Muchos de los platos populares americanos se pueden considerar como un almuerzo muy *hygge*: macarrones con queso, por ejemplo, o un gran tazón de pasta con pesto o la siempre popular empanada de pollo; todas estas son comidas calientes, simples, pero deliciosas, que se ajustan muy bien al espíritu *hygge*.

Smørrebrød: la variedad infinita

Smørrebrød básicamente se refiere a un emparedado abierto, que suele comerse con cuchillo y tenedor, cubierto con una variedad casi infinita de carnes, quesos, verduras, etc. Esta comida está ineludiblemente ligada a los países escandinavos, donde es un símbolo de la simplicidad y la convivencia de los diversos pueblos que residen allí. Comienza con una buena rebanada de pan —de tu elección, aunque el centeno es tradicional para la mayoría de los *smørrebrød*— luego se cubre con una rica mantequilla y con tus ingredientes favoritos. Algunas combinaciones que podrías probar son:

- o Salmón ahumado en frío con pepino en rodajas finas y mucho eneldo fresco picado.
- o Huevo duro cortado en rodajas con aguacate y rábanos cortados en rodajas finas.
- o Arenque en escabeche o paté de hígado con cebolla roja en rodajas finas y perejil picado
- o Un buen queso Havarti con tomate en rodajas y cebolleta picada.
- o Carnes curadas, como salami o jamón, con cebollas, tomates o hierbas.

En resumen, casi todo lo que tienes en tu nevera o jardín funcionaría para preparar estos emparedados abiertos. No olvides el untado de mantequilla y la calidez de los ingredientes. Después de todo, estos son asuntos de cuchillo y tenedor.

Sopa de tomate al estilo nórdico

8-10 porciones

La mayoría —y me refiero al 99,99 por ciento— de los niños americanos han probado la sopa de tomate caliente con queso a la parrilla. Es un clásico, ya esté hecha de una lata de sopa Campbell's con Wonder Bread y una rebanada de queso envuelta en plástico, o de unos tomates del jardín asados con pan de masa madre local envuelto en queso cheddar artesanal. Esta sopa es también muy, muy *hygge*: caliente, reconfortante, familiar, simple y muy deliciosa. La siguiente receta muestra una versión más danesa del combinado clásico.

o Pica 1 cebolla, 2 o 3 dientes de ajo, 200 gramos de apio (raíz de apio) y un par de zanahorias. Saltea todo junto en una olla grande con 3 cucharadas de aceite de oliva, hasta que todo se ablande un poco.

o Añade 3 tazas de tomates picados (enlatados también valen), 2 cucharadas de pasta de tomate, 1 taza de vino (un blanco seco, pero puedes experimentar) y unas 8 tazas de caldo. El caldo casero es siempre el mejor, por supuesto, pero solo si tienes tiempo de prepararlo; recuerda que esta es una cocina *hygge* y no debemos estresarnos por ello. Para obtener una versión más tradicional o vegana, considera usar un caldo de verduras o de hongos.

o Cocina todo junto durante unos 10 o 15 minutos, hasta que todas las verduras estén cocidas, tiernas y la sopa se espese ligeramente. Sirve con bayas de centeno cocidas y revueltas, o con un par de rebanadas gruesas de *rugbrød*, cubiertas con mantequilla o con queso Edam y asadas.

Salmón ahumado caliente: el alimento básico escandinavo

4 porciones

El salmón, junto con el arenque, es también muy típico en la alimentación escandinava y omnipresente en toda la región. El salmón ahumado en frío es mejor dejarlo en manos de los expertos, a menos que se tenga el equipo especializado, pero el salmón ahumado en caliente se puede hacer fácilmente en una cocina casera. Acompáñalo con una buena ensalada verde y obtendrás una comida satisfactoria.

o Cura medio kilo de salmón. Puedes usar cualquier tipo de pescado, como la trucha de cabeza de acero, pero el salmón quizás sea el pescado más popular. Combina 2 tazas de azúcar moreno con 1 taza de sal kosher, 1 cucharada de pimienta negra recién molida y una cucharadita de semillas de cilantro y bayas de enebro molidas. Opcional: añade una cáscara rallada de un par de naranjas para obtener una dulzura única. Deja que se cure en la nevera durante un par de horas.

o Prepara tu ahumador. Hay ahumadores de cocina baratos, que son muy fáciles de usar y que valen la pena comprar si crees que los usarás más de un par de veces al año. También son excelentes para ahumar mariscos, tomates y otras verduras, así como pequeños trozos de carne. Si no tienes uno, entonces puedes crear un ahumador improvisado al usar una sartén pesada con tapa, un poco de papel de aluminio y algunas astillas de madera u hojas de té secas. Para ello, coloca una capa de papel de aluminio en la sartén y esparce las astillas de madera sobre esta capa. Puedes usar té y especias enteras con las astillas o en lugar de las astillas; de cualquier manera, esto le da sabor a tu carne o pescado. Encima de las astillas o especias, coloca otra capa de papel de aluminio. Pon el salmón en una cesta o bandeja de vapor, colócalo sobre el ahumador y cúbrelo con una tapa. Sube el fuego de la estufa y observa, con la tapa entreabierta, hasta que veas salir volutas de humo de la cacerola. Cúbrelo bien, pon el fuego a intensidad media para no quemar tus astillas demasiado rápido. Ahúma el salmón durante unos 40 minutos hasta que se desmenuce fácilmente con un tenedor. Si lo prefieres, rocíalo un poco con jarabe de arce para que tenga un aspecto laqueado y un sabor más dulce.

Las cafeterías: lo esencial para vivir una vida de fika

La importancia de la cultura de las cafeterías para Dinamarca y otros países escandinavos no es exagerada; *fika* describe un ritual diario para tomarse un descanso por la tarde y reunirse con los amigos para tomar café, cacao y un tentempié rápido. Los pasteles de todo tipo son muy comunes, así como otras delicias azucaradas. Como con muchas comidas danesas, a menudo hay una dosis saludable de especias calientes, como la canela o el cardamomo, que se encuentran en muchos postres tradicionales. Cabe destacar que muchos de los pasteles, púdines y pastas que se ofrecen en las cafeterías también se sirven como postre o para el desayuno.

Bollos de azúcar: bollos de canela fáciles de preparar

Para 12 bollos

La siguiente es una sabrosa receta que se ha simplificado. Los tradicionales rollitos de canela llevan levadura y tienen métodos de cocción más complicados. Estos bollos de azúcar se pueden preparar con ingredientes fáciles de comprar en el espacio de una media hora. Son tan fáciles y versátiles que los tendrás a mano regularmente, una vez que los pruebes.

o Prepara un poco de azúcar de canela: mezcla 2 cucharadas de azúcar granulado y otras 2 de azúcar moreno oscuro, una cucharadita de canela y una pizca de sal. Deja a un lado mientras se prepara la masa.

o Espolvorea una cucharada de azúcar granulado sobre la mesa de trabajo y despliega sobre ella una hoja de hojaldre ya preparada y descongelada, pero todavía fría. Descongélala en el refrigerador durante la noche para obtener mejores resultados. También puedes usar otras masas compradas, como la masa para panecillos o galletas (2 latas) o medio kilo de masa para pizza. Esparce 2 cucharadas de mantequilla blanda sobre la masa, luego espolvorea con un tercio de la mezcla de canela y azúcar; da una palmadita ligera o presiona ligeramente con un rodillo para asegurarte de que el azúcar se adhiera a la masa, luego estírala de manera firme, comenzando por el extremo más largo. Corta la masa en 6 porciones iguales. Repite con la masa restante y guarda el último tercio de azúcar de canela para espolvorear por encima.

o Coloca las porciones cortadas en los moldes de panecillos untados con mantequilla y hornea a 200 grados centígrados durante 20-25 minutos, hasta que se inflen y se doren ligeramente. Derrite otras 4 cucharadas de mantequilla, cubre con una brocha la parte superior de los bollos horneados y luego espolvorea con el azúcar de canela reservada. Saca los bollos del molde mientras todavía están calientes.

Risalamande: el arroz con leche danés

Seis porciones

El arroz con leche es un postre muy apreciado en todo el mundo y los daneses lo preparan especialmente bien. El *Risalamande* se sirve tradicionalmente como postre durante la Navidad; sin embargo, una versión más simple de él se come durante todo el año. La versión navideña se sirve con una salsa de cereza si se quiere derrochar, pero la receta básica es igual de sabrosa para un placer diario.

o Pon a hervir 1-¼ tazas de agua, después añade 1-2/3 tazas de arroz de grano corto y deja que hierva durante un par de minutos. Añade una rama de vainilla y 7 tazas de leche entera; vuelve a hervir, luego tapa, baja el fuego y deja hervir a fuego lento durante 15 o 20 minutos, revolviendo de vez en cuando, hasta que el arroz pase la fase de *al dente*. Retira del fuego y desecha la rama de vainilla.

o Transfiere el arroz cocido a un tazón y añade 2 cucharadas de azúcar granulada, una cucharadita de sal y las semillas raspadas de otra rama de vainilla. Bate 2 tazas de crema espesa hasta que se formen picos suaves, luego agrégala suavemente al arroz con leche, en tres tandas. Añade 1-¼ tazas de almendras peladas picadas. En Navidad, es tradicional esconder una almendra entera pelada en el arroz con leche, donde algún afortunado comensal la encontrará y tendrá buena suerte durante todo el año. Prueba para ver si está dulce, si es necesario agrega más azúcar y luego pon a enfriar.

o Para una hermosa presentación y un sabor excelente, ¡prepara una salsa de cerezas para cubrir tu arroz con leche! Comienza por hervir a fuego lento 700 gramos de cerezas sin hueso (también puedes usar cerezas congeladas) con ¾ de taza de azúcar granulada, otra rama de vainilla partida y 2 tazas de agua. Hierve a fuego lento durante unos 15 minutos, luego mezcla 3 cucharadas de fécula de maíz con 2 cucharadas de agua y añade esta mezcla a la mezcla de cerezas. Cocina hasta que se espese bien, durante unos 5 minutos más. Prueba para ver si es lo suficientemente dulce para tu gusto. Sirve este postre en frío y cubierto con salsa de cereza caliente para un único contraste de sabores, texturas y temperaturas.

Pastel de chocolate pegajoso: porque todo el mundo necesita chocolate

Seis a ocho porciones

Una versión escandinava de lo que llamamos —aunque no sea cierto— *pastel de chocolate sin harina* o *pastel de lava*, se trata de un postre muy elaborado —y aun así bastante fácil de preparar— que solo necesita una taza de café para acompañarlo.

o Mezcla ½ taza de harina con ¼ taza de cacao en polvo y una generosa pizca de sal. Bate dos huevos con 1-¼ tazas de azúcar granulada y después añade la mezcla seca. Añade ½ taza de mantequilla derretida, 1 cucharada de vainilla y después vierte la mezcla en un molde para pasteles de unos 20 centímetros engrasado.

o Hornea en el estante inferior del horno de 150 grados centígrados durante una media hora. El centro debe estar ligeramente asentado; puede tardar unos cinco minutos más o menos, dependiendo de la precisión de tu horno. Deja que el pastel se prepare durante una hora en el molde, luego sírvelo mientras aún está ligeramente caliente o refrigéralo para disfrutar de él al día siguiente. Probablemente, este pastel no está completo sin un poco de crema recién batida (o una bola de helado) y algunas bayas frescas.

La cena: cocinada a fuego lento y casera

Una de las características del *hygge* es ir más despacio y tomarte tu tiempo para estar presente en tu vida diaria, mientras disfrutas de las pequeñas cosas que se te presentan. La hora de la cena es la oportunidad perfecta para tomártelo con calma y preparar una cena que sea a la vez nutritiva, indulgente, satisfactoria y abundante. Un viaje rápido al mercado y unas cuantas horas de paciente espera — durante las cuales estás realizando actividades con tus hijos, hablando con tus amigos o arropado junto a la chimenea leyendo un libro— llenan la casa de maravillosos y reconfortantes olores, seguidos de una deliciosa cena con la familia y los amigos. Hay muchos alimentos tradicionales para la cena que son los clásicos manjares *hygge*, como las famosas albóndigas suecas (preparadas en toda Escandinavia), los guisos calientes o grandes tazones de buñuelos. Hay muchos favoritos culturales clásicos en la cocina americana que fácilmente se calificarían como *hygge*, como, por ejemplo; la lasaña italiana, los espaguetis, las albóndigas, el guiso de carne irlandés, el pan de soda, la olla china, el *mezze* del Medio Oriente, los típicos platos de cazuela del Medio Oeste o el famoso plato caliente de Minnesota. Básicamente, para que una cena sea *hygge*, debe ser abundante, saludable, simple y satisfactoria, no excesivamente complicada y que no tome mucho tiempo, para que todos tengan tiempo para la convivencia y el compañerismo.

Costillas estofadas: un clásico de siempre

4-6 porciones

Casi todas las culturas tienen alguna versión de un guiso de larga cocción y estas costillas se encuentran en todos los países con climas fríos y de ganado. El tiempo de preparación es razonable, mientras que el resto es solo paciencia y compañía. Se pueden servir en un lecho de puré de patatas o, mejor aún, puré de patatas con apio (raíz de apio), puré de colinabos asados o sobre un lecho de fideos con mantequilla. Añade una rápida ensalada verde y tendrás una comida completa.

    o La versión más simple de hacer esto es saltear dos cebollas picadas, tres zanahorias y tres tallos de apio en aceite de oliva durante unos minutos. Añadir un poco más de un kilo de costillas de res con hueso, un par de hojas de laurel y una botella de vino tinto o 4 tazas de caldo o agua (o una combinación equivalente a 4-5 tazas), después cubrir y cocinar en un horno a 160 grados centígrados durante 3 o 4 horas, hasta que la carne se caiga del hueso. Además, existen varias variaciones o adiciones que aportarán sabor y sofisticación al plato:

o Dora las costillas por todos lados antes de agregarlas a la mezcla salteada, coloca la carne en la parte inferior de la sartén para añadir capas de sabor. Dora las costillas en tandas para evitar que se cocinen al vapor, después saltea las verduras antes de volver a poner las costillas en la olla para el horno (un horno holandés sería lo mejor).

o Pon en remojo unos 30 gramos de hongos secos en agua caliente durante media hora, después pícalos y añádelos a la mezcla de verduras para obtener una mayor *umami* (intensidad de sabor).

o En cuanto a la *umami*, si quieres más sabor, puedes añadir una cucharada de pasta de anchoas, salsa de soja o salsa de pescado.

o Añade unas ramitas de romero fresco u otras hierbas secas adecuadas (orégano, tomillo, ajedrea de montaña) y un poco de ajo picado para dar más sabor.

o Como ocurre con muchos estofados, este es incluso más sabroso al día siguiente; deja que el estofado repose toda la noche en el refrigerador y así podrás controlar cuán grasosa y sabrosa es la salsa. Después de que el estofado se enfríe, refrigéralo toda la noche, quita la grasa endurecida y separa la carne del líquido (puedes desmenuzar la carne en este punto, si quieres, dependiendo de cómo la vayas a servir). Cuela el líquido, ajusta los condimentos y vierte la salsa sobre el plato terminado.

Papas Hasselback: una delicia vegetariana

4 porciones

La cocina *hygge* no siempre excluye a los vegetarianos. Aunque Dinamarca sea un país muy consumidor de carne (como la mayoría de los países del norte de Europa), es ciertamente progresista en cuanto a la salud y también se adapta a los vegetarianos. Estas deliciosas patatas, que se sirven en toda Escandinavia, son uno de esos platos que son lo suficientemente sustanciosos como para ser el principal, servido junto con una ensalada verde y tal vez algunos brotes asados o col cocida.

o Estas son básicamente unas patatas asadas que se abren en abanico para crear un interior más marrón y una textura y aspecto un poco más interesante que el de una patata asada normal. Toma cuatro papas grandes y hazles pequeñas hendiduras horizontales a lo largo de la longitud de la papa; la idea es dejar la papa entera, así que no las cortes hasta el final. La mejor manera de hacerlo es colocar la patata entre dos cucharas con mango de madera (o palillos), y después cortar hasta que el cuchillo golpee la madera. Además, los cortes también deben estar lo más cerca posible, con una separación de medio centímetro aproximadamente. Envuelve las papas ya preparadas en papel de aluminio y después hornéalas a 200 grados centígrados durante unos 40 minutos (si las papas son más grandes, esto puede tomar más tiempo). Desenvuelve las papas, y cepíllalas por todas partes y entre las hendiduras con aceite de oliva (versión vegana) o mantequilla derretida, y sazona bien con sal y pimienta. Vuelve a colocarlas en el horno, sin envolver y hornéalas durante 15 o 20 minutos más.

o Si quieres darles un poco de sabor, una buena idea (sobre todo si va a ser el plato principal) es añadir unas lonchas de queso. El queso gruyere quedaría genial aquí, al igual que las migajas de queso azul colocadas entre las hendiduras. Vuelve a poner las papas en el horno brevemente y deja que el queso se derrita. Para mantener el plato vegano, agrega algunas cebolletas frescas picadas, perejil y ajo para añadir algo de energía. Usa tu imaginación, también, si no estás limitado por las necesidades dietéticas:

podrías rellenar las hendiduras con lonchas finas de jamón y queso suizo o con algunas anchoas picadas.

Cerdo y col de Navidad: un plato para una ocasión especial

6 porciones

El *Flaeskesteg* es un plato popular y festivo durante la Navidad y, aunque su preparación es bastante sencilla, se necesita cierta planificación para encontrar un buen trozo de cerdo con la piel todavía unida. La col de Navidad es un plato magnífico de col roja encurtida que se sirve tradicionalmente en Nochebuena. Lo maravilloso de ambas recetas es que son realmente simples y al mismo tiempo muy especiales.

o La parte más difícil del plato de cerdo es encontrar un buen trozo de cerdo con piel; puede que tengas que pedirlo por encargo si no vives cerca de una buena carnicería o de un mercado bien surtido. En cualquier caso, querrás un trozo de cerdo de unos 3 kilos con piel. Haz unos pequeños cortes en la piel, con cuidado de no cortar la carne que está debajo. Coloca la carne en un asador con una o dos cebollas cortadas en cuartos, unas ramitas de romero o tomillo y un vaso de agua. La grasa de la carne de cerdo se combinará con los aromas de abajo para crear la base de una salsa simple. Frota el cerdo por todas partes con mantequilla y sazona generosamente con sal.

o Asa el cerdo durante unas dos horas a 200 grados y asegúrate de que el líquido en la bandeja de asar nunca se agote. Cuando el asado esté listo, sácale la grasa; resérvala para hacer la salsa. Antes de servirlo, pon el asado en el horno bajo la parrilla durante unos minutos, para que la piel quede crujiente, pero con cuidado de que no se queme.

o Mientras tanto, prepara la salsa: hierve la grasa durante unos minutos hasta que se espese ligeramente. Añade un poco de crema con sal y pimienta al gusto. Para darle más sabor, desmenuza un poco de queso azul o añade un par de cucharadas de gelatina agria, como la grosella roja.

o Para la col de Navidad, hierve a fuego lento una cabeza de col roja cortada en tiras, 2 tazas de azúcar granulada, 2 tazas vinagre blanco, 3 tazas de agua y 2 cucharaditas de sal en una olla grande durante una hora. Las sobras están muy ricas y se sirven frías en un emparedado.

Bebidas calientes

Por último, cualquier día lleno del espíritu *hygge* también incluye algunas bebidas calientes, sin importar la época del año. Ciertamente, en invierno se prepara más cacao y abundan las bebidas con especias, pero el café está omnipresente durante todo el año en los hogares y cafeterías danesas, y el té también está ganando terreno en este clima más globalizado. Ningún desayuno o viaje a la cafetería estaría completo sin una bebida caliente. Amplía tu repertorio con las siguientes recetas.

Cacao caliente y con especias

Para 12 personas (o 6 si se quiere tener un día muy hygge*)*

o Para la mezcla de chocolate caliente, combina una taza de cacao en polvo sin azúcar y azúcar granulado, una cucharada de canela, ½ cucharadita de jengibre y nuez moscada molida (recién rallada mejor, pero lo que tengas a mano servirá). Para darle más sabor, agrega una o dos pizcas de cardamomo molido y, para darle más sabor, agrega ½ cucharadita de polvo de chipotle molido. Para cada porción, usa 3 cucharadas de la mezcla para 1 ½ tazas de leche caliente, preferiblemente leche entera.

o Un consejo: usa azúcar de vainilla para algunas de tus mezclas de azúcar. Esto es fácil de hacer en casa con las ramas de vainilla que usaste para hacer el arroz con leche de arriba. Simplemente hunde las ramas en azúcar dentro de un frasco bien cerrado (los frascos de mayonesa o de pepinillos bien lavados son ideales para esto). Agítalas cada pocos días. Después de un par de semanas, el azúcar tendrá un aroma a vainilla. Úsalo también para el café. Sigue añadiendo más azúcar y ramas gastadas a medida que vayas consumiendo el azúcar y asegúrate de distribuirlo todo de manera uniforme, para mantener un suministro constante a mano.

Vino caliente de Berry Merry

8-10 tazas

Los vinos calientes son muy populares en los climas fríos de Europa. Este es especial por la adición de bayas y de ron.

o Hierve a fuego lento 4 tazas de moras, arándanos, frambuesas, o una combinación de estas con ¼ a ½ taza de azúcar, dependiendo de cuán dulce quieras que sea la bebida, durante unos 10 minutos, hasta que se descomponga y se espese. Haz un puré con 3 tazas de agua en una licuadora o un procesador de alimentos y pásalo por un colador.

o Devuelve el puré colado a la olla y añade tus aromas: la cáscara de una naranja (en una espiral gruesa), un par de palitos de canela, anís estrellado, algunas semillas de cardamomo, una rama de vainilla y algunos clavos. Hierve esto a fuego lento durante 20 minutos más o menos y mantén la tapa puesta para evitar el exceso de evaporación. Añade una botella de vino tinto, junto con un poco de ron al gusto; un chorro generoso está bien, pero no demasiado para que no se sobrecargue el sabor. Si añades demasiado ron, el vino va a tener un sabor muy fuerte. Caliéntelo muy suavemente para que el alcohol no se evapore, luego sírvelo en tazas y deja que las especias se queden en la olla. Algunas personas añaden también pasas y nueces sin piel, para obtener a la vez una bebida caliente y un tentempié.

Sidra caliente

8 tazas

○ La sidra caliente también se prepara sobre la base de los mismos principios mencionados con anterioridad, pero es más simple y puede ser con o sin alcohol.

○ Hierve a fuego lento dos litros de sidra (de nuevo, con o sin alcohol, dependiendo de lo que desees) con un par de palitos de canela, la cáscara de una naranja, algunos clavos, cardamomo o bayas. Cuando esté caliente y fragante, sírvela en tazas grandes.

Capítulo 7. El hygge en la práctica: las fiestas y las estaciones del hygge

Mientras que el *hygge* está definitivamente asociado con la temporada de vacaciones de Navidad e invierno, es ciertamente posible practicar el *hygge* en cualquier época del año. De hecho, a medida que esta filosofía se hace más popular en todo el mundo, muchas personas están aplicando los principios del *hygge* a las fiestas, festivales y actividades de temporada durante todo el año. Por supuesto, los daneses sugieren que esto es muy adecuado, ya que el *hygge* es una mentalidad y no un estado de ánimo pasajero. Cualquier día es un buen día para el *hygge* y en este capítulo encontrarás ideas para mantener el espíritu *hygge* en cualquier época del año.

Invierno: ¡una época muy *hygge*!

Para muchos de nosotros, el invierno es una época a la que temer, con un clima frío y tempestuoso, viajes complicados, presiones de las vacaciones, niños aburridos o enfermos atrapados en casa. Para los daneses que abrazan la filosofía del *hygge*, el invierno puede ser la época más mágica, reconfortante y acogedora del año. La esencia del *hygge* encarna verdaderamente lo que más nos gusta del invierno: envolverse en una manta frente al fuego, usar calcetines calentitos, cocinar alimentos reconfortantes y tomarse un tiempo libre de tu apretada agenda para un poco de cuidado personal relajante y una celebración familiar. Ninguna época del año es más adecuada para disfrutar del *hygge*. A continuación, se presentan algunas ideas sobre cómo practicar el *hygge* durante el invierno.

- Ya que no puedes pasar mucho tiempo fuera, trae la naturaleza para dentro: la flor de navidad, por ejemplo, ofrece un brillo y una tranquilidad únicas a tu hogar.
- Si pasas tiempo al aire libre, invierte en (o construye) una hoguera; no hay nada más *hygge* que reunirse alrededor de una hoguera ardiente y asar malvaviscos con los amigos y la familia.
- Además, no te olvides de los deportes de invierno: si tienes la suerte de vivir donde hay nieve, saca a la familia a pasear en trineo, a esquiar o a patinar sobre hielo. Estas son excelentes maneras de crear lazos familiares y aprovechar al máximo el clima frío mientras se realiza una actividad saludable al aire libre.
- Considera una caminata nocturna por la nieve —con o sin zapatos de nieve, en función de tu zona— ya que no hay nada más mágico que el brillo de la luz de la luna en la nieve recién caída.
- Si el frío finalmente te deprime, refúgiate en una cafetería. Ibas a hacerlo de todas formas, ¿verdad? ¡Esa es una actividad diaria! Sube el listón y, en vez de tu lugar habitual, visita un museo y tómate tu *fika* de la tarde en la cafetería; la mayoría de los grandes museos tienen ahora un pequeño lugar para comer en sus instalaciones.
- Crea tus propios recuerdos visuales y saca tu cámara para tomar fotos de la naturaleza y la familia. Prepara un álbum para compartirlo con todos.

o No te olvides de las otras criaturas. ¡Hace frío ahí fuera para todos! Pon algo de comida o haz un comedero para los pájaros y pasa algo de tiempo observando y aprendiendo, esta es una excelente manera de involucrar a los niños en actividades de la naturaleza.

o Considera el baño de tu casa como si fuera un spa: invierte en un baño de burbujas o sales de baño, pon música relajante, y ten a mano un cálido y suave albornoz para el final de un baño relajante.

o Recuerda que los alimentos de invierno no se limitan a las fiestas. No hay una mejor época del año para darse el gusto de tomar una taza diaria de cacao que el invierno. Invita a tus amigos y asegúrate de tener a mano un poco de vino caliente o sidra.

o Encárgate del montón de libros en tu mesilla de noche: prepara un *hyggekrog* (rincón acogedor) y date el gusto de disfrutar de unas horas de lectura placentera. Y, por cierto, los libros reales con algo de peso son mucho más *hygge* que la lectura en un dispositivo electrónico.

o Organiza un día en pijama en el que toda la familia se quede en casa y se divierta, idealmente, disfrutando de las actividades de grupo. ¿Juegos de mesa, alguien? ¿Maratón de películas con palomitas de maíz y dulces? Si no se quiere hacer actividades en grupo, también cada uno puede acurrucarse con sus libros.

o Crea un tarro del tesoro. Aunque esto se puede hacer en cualquier momento del año, es especialmente emocionante durante el invierno para ver cómo la naturaleza cambia del otoño a la primavera. Recoge pequeños objetos de tu paseo diario a pie o en bicicleta (ya sabes, tu actividad *hygge*) y guárdalos en un tarro. Al final de la temporada, organiza y exhibe tus nuevos tesoros.

o Aprende o enseña algo nuevo... o ambas cosas. Cocina con tus hijos, inscríbete en una clase sobre algo que siempre habías querido aprender o aprende un idioma nuevo.

o Observa las estrellas, haz planes para la próxima temporada, dibuja el jardín de tus sueños para la primavera, piensa en tus vacaciones de verano, etc. Asegúrate de no olvidarte de mirar hacia el claro cielo nocturno, valorar el presente (¡gratitud!) y soñar con el futuro.

La Navidad es la época más maravillosa y *hygge* del año

En los países del norte, principalmente en los cristianos, la fiesta más asociada con el invierno es la Navidad. Con esta fiesta llega una gran cantidad de tradiciones que son muy *hygge*. De hecho, la misma noción de mantener y crear la tradición es parte del propio espíritu *hygge*. Incluso si se celebra otra fiesta de temporada (por ejemplo, Janucá o Kwanzaa), se pueden adaptar algunas de estas tradiciones para disfrutar de ellas.

o ¡Luces, luces y más luces! Las luces de hadas o las luces parpadeantes pueden adornar todas las habitaciones de la casa, junto con las velas y las luces del árbol de Navidad. Ponlas en frascos transparentes o colócalas en las estanterías o en las barandillas.

o Escribe cartas a Santa Claus con tus hijos. Anímales a pensar en estas cartas no solo como listas de deseos personales de objetos materiales, sino también como listas sobre qué agradecer y qué esperar durante el nuevo año.

o Decora tu casa por dentro y por fuera con objetos de temporada: renos, árboles, elfos, muñecos de nieve, luces, adornos, coronas y guirnaldas. Conviértelo en una actividad familiar e involucra a todos en la creación de un ambiente especial para esta época del año.

o Organiza una fiesta para envolver regalos de Navidad, ya sea con la familia o los amigos (o ambos). Haz que cada uno desarrolle su propia habilidad especial, ya sea para coordinar papel y cintas, hacer lazos o escribir palabras especiales para las tarjetas de regalo.

o Haz regalos caseros: mermeladas, gelatinas, pepinillos, conservas, licores y bebidas con sabor son regalos agradables durante esta época del año. Si tienes otras habilidades, úsalas también: dibuja, pinta un cuadro o escribe y enmarca un poema. La alfarería y las manualidades con madera también son fabulosas. Este tipo de regalos hechos a mano no tienen precio.

o Ve a ver un espectáculo navideño con la familia, ya sea una producción local de *El Cascanueces* o la última película con una temática navideña. También, escucha algunos villancicos o lleva a la familia a cantar villancicos por el vecindario.

o Empieza una nueva tradición a la que volver cada año: decora tazas personalizadas para cada miembro de la familia; teje gorros o bufandas para los amigos, regala adornos de época a las personas especiales de tu vida, organiza un maratón de fin de semana de películas navideñas u organiza un almuerzo de Nochebuena para los vecinos y los amigos.

Primavera: renueva y revitaliza

Después de pasar las comodidades (y los desafíos) del invierno, mucha gente espera con ansia a que llegue la primavera. Esta es naturalmente la época del año en la que nuestros pensamientos se vuelven hacia la renovación y el renacimiento; los pájaros empiezan a cantar de nuevo, la tierra despierta y volvemos al exterior con un vigor renovado. Todos estos sentimientos típicos de la primavera son completamente compatibles con la filosofía *hygge*: trabajar al aire libre, jugar al aire libre, observar y respetar la naturaleza, sentir gratitud por los pequeños milagros de nuestra vida cotidiana, empezar un proyecto satisfactorio que nos permita pasar tiempo con la familia y los amigos. Podemos cambiar nuestros suéteres de gran tamaño por los cárdigan más ligeros y aplazar el uso de los calcetines calentitos o la quema del fuego por el momento, pero no hay nada que diga que debemos aplazar nuestra mentalidad *hygge*. Algunas de las formas en las que puedes mantener tu práctica del *hygge* son las siguientes:

o En primer lugar, no abandones tus velas. No hay nada más bonito en primavera que las pequeñas velas de té en una mesa de pícnic o en el comedor. Elige colores frescos, pero apagados, como el melocotón o el verde pálido para reconocer el despertar de la vida natural al aire libre. Esta iluminación, junto con la apertura de las ventanas y la entrada del aire fresco y la luz natural, te mantendrá con el espíritu *hygge* todos los días.

o Las flores también deberían formar parte de tu primavera *hygge*. Y estas flores deben ser flores naturales, que se encuentran justo fuera de tu puerta, ¡incluso la más humilde de las flores es hermosa, con el arreglo adecuado y bajo una mirada correcta! Las flores silvestres en frascos de cristal evocan de forma segura el *hygge* primaveral.

o ¡Juega con la tierra! Una de las cosas más maravillosas de la primavera es la oportunidad de salir y ensuciarse las manos: plantar una huerta, construir una casa en el árbol, o poner más árboles o setos. Construye algo para el futuro en el glorioso clima de la primavera.

o Hablando del aire libre, asegúrate de hacer un pícnic o dos, o diez, mientras el clima sea perfecto para esas cosas. Vuela una cometa, juega en el parque, observa los patitos que salen del huevo y las mariposas que aparecen. Permite que tus hijos conozcan las maravillas del renacimiento primaveral.

o Hablando de la naturaleza con el mal tiempo, ¡asegúrate de jugar bajo la lluvia! Una suave lluvia primaveral es uno de los sentimientos más hermosos del mundo, especialmente para un niño pequeño. Y si vives en un área que tiene un clima primaveral duro —y este es el caso de la mayoría de nosotros— disfrútalo como si disfrutaras del invierno. Maravíllate ante el poder de la naturaleza mientras estás en tu refugio con tus seres queridos. Estos son los días pensados para los *hyggekrogs* y los atracones de lectura.

o Observa la decoración de tu casa y piensa de verdad en la primavera. Guarda el minimalismo y el orden, como el *hygge* quiere que hagamos, pero quédate con algunas piezas más ligeras, algo más brillantes para que coincidan con el cambio de las estaciones del exterior. Coloca unas sábanas nuevas en la cama y cambia tu bata peluda por una de seda para un clima más cálido.

o En cuanto a la cocina, el *hygge* primaveral se basa en el mercado. Ve al mercado de los granjeros locales y disfruta de todos los raros y fugaces manjares primaverales como fresas, espárragos, habas, guisantes, lechugas, hierbas, pollos y sus gloriosos huevos. Hay una razón por la que las fiestas de Pascua suelen incluir huevos rellenos y cordero joven, pues esta es la estación adecuada para ello. Echa un vistazo a algunas de las ideas para la Pascua que aparecen a continuación.

La Pascua

Tal vez la mayor celebración de la renovación y el renacimiento es la sagrada fiesta de la Pascua. No importa cómo se celebre, la Pascua es una encantadora oportunidad primaveral para reunirse con la familia y los amigos alrededor de una mesa repleta de comida, para compartir la gratitud por todo lo que somos afortunados de tener. Incluso si no celebras la Pascua, esta es una gran oportunidad para iniciar un festival primaveral laico, con algunas o todas las ideas que se indican a continuación:

o Cartas secretas de nieve: es una tradición danesa durante la Pascua, enviar una carta de papel hecha a mano para un ser querido, con un mensaje dulce y cariñoso, sin firmar. La tradición dice que, si el destinatario adivina que fuiste tú el que envió la carta, debes darle un huevo de Pascua; si no puede adivinar quién la envió, entonces debe darte un huevo de Pascua. Es como un Papá Noel secreto para la primavera. El truco es recortar un hermoso diseño de papel, como lo habrías hecho en la escuela con corazones para el día de San Valentín o una cadena de margaritas de papel.

o En cuanto a la decoración de las fiestas, muchos daneses incluso colocan una especie de árbol de Pascua con ramas de primavera y otros materiales de la naturaleza. Está adornado con símbolos de fertilidad (como huevos) y renacimiento (como plumas y flores).

o Hablando de huevos, ciertamente ninguno se imagina una celebración de Pascua sin los tradicionales huevos coloreados, por supuesto, pero para lograr un mayor sentimiento *hygge*, elige colorantes naturales que provengan de artículos de cocina comunes en lugar de los químicos (por ejemplo: jugo de remolacha o extracto de clorofila). Y, por supuesto, los pintarás con los niños, la familia o los amigos, alrededor de la mesa del comedor.

o Haz una búsqueda de huevos de Pascua, pero intenta asegurarte de que se realice en el exterior. A veces el clima primaveral prohíbe esto, como la gente de mi región bien lo sabe. Cada dos años, parece que la Pascua se congela y prohíbe estar afuera. Sin embargo, si es posible, organiza la cacería en el exterior. Si no es posible, ¡no te preocupes! Tan solo la idea de una actividad lúdica para los niños ya es el *hygge* en estado puro.

o No te olvides de disfrutar de algunas delicias especiales de Pascua, así como de los tipos de delicias de chocolate que llegan solo una vez al año. Es mejor si se trata de unas delicias caseras, por supuesto, pero las compradas también pueden convertirse en una tradición anual.

o En cuanto a la comida, ¡una fiesta de Pascua siempre merece la pena! De hecho, puede ser una de las más indulgentes del año y la comida en sí misma es muy *hygge* en su propia naturaleza: verduras frescas de primavera, un gran y reconfortante jamón o pierna de cordero, deliciosos huevos rellenos, pan de Pascua trenzado y exquisitos postres. Asegúrate de tener un bonito centro de mesa hecho con ramas naturales de primavera y otros materiales encontrados. Además, las velas, la familia y los amigos son esenciales para esta fiesta.

o Los adornos de Pascua hechos a mano son un regalo y una forma de practicar el *hygge* con tus hijos u otras personas. También es muy *hygge* hacer regalos para tus cestas de Pascua anuales, ya sean comestibles o hechos a mano: esto demuestra cuánto te preocupas por tus hijos u otras personas a las que les das regalos.

o Y no te olvides del Día de la Madre, un día más para darle a tu madre una experiencia *hygge*.

Verano: vida al aire libre

Ya que todas las épocas del año son ideales para el *hygge* y el verano es el momento de las vacaciones, relajación y actividades al aire libre, se podría decir que es la época más *hygge* del año, después del invierno. La mayoría de la gente se toma vacaciones en verano y, sin duda, es la época del año en la que se celebran muchas reuniones amistosas al aire libre con diversión y sol. Puede que no se utilicen calcetines y mantas acogedoras, pero eso no significa que no se pueda disfrutar del *hygge* en el exterior y en el interior.

o Aligera tus sábanas para poder pasar toda la mañana en la cama. De hecho, ¿por qué no te das el gusto —o se lo das a un ser querido— de desayunar en la cama? Convierte tu habitación en un espacio luminoso y acogedor para exactamente el tipo de relajación regeneradora que todos podemos necesitar en cualquier época del año.

o Usa tu solario, o construye uno, lo mejor que puedas. Crea un *hyggekrog* que reciba la mejor luz del sol y coloca un cómodo sofá o una butaca de descanso con muchos cojines, almohadas y luz natural. Este es el lugar para ponerse al día con las lecturas de verano.

o Con respecto a la lectura en verano, esta es la época del año para darse el gusto de leer con luz y brisa, lo que sea que quieras leer: comedias románticas, misterios, memorias. Deja el estudio para otra época del año.

o Disfruta de tu patio trasero tanto como puedas: crea un espacio en tu patio trasero donde todos se sientan cómodos y graviten hacia él. Asegúrate de que haya asientos acogedores, suficientes para todos y una decoración natural para que todos puedan disfrutar.

o Cena afuera, por supuesto, en tu acogedor patio trasero, si el clima y los insectos lo permiten. Pon un poco de citronela para ahuyentar a los bichos y hacer que el patio sea un espacio seguro para todos.

o Cuelga una hamaca y acomoda unas tumbonas, porque esta es la época del año en la que hay que descansar, preferiblemente con una buena taza de té o un vaso de vino. Parte del espíritu *hygge* es ir más despacio y disfrutar de cada día; este es el ambiente perfecto para hacerlo.

o Vete de acampada y tuesta perritos calientes y malvaviscos alrededor de la hoguera con tus amigos o familiares. Si tienes suerte, tendrás una playa cercana donde podrás disfrutar de un día soleado de diversión y juego, seguido de una cálida noche de buena conversación y una gloriosa comida de verano. Recoge conchas en la playa y haz con ellas una guirnalda, un collar o un centro de mesa para tu mesa de comedor en casa.

o Si puedes, tómate unas vacaciones. Mejor aún, y más *hygge*, tómate unas *casaciones* y convierte tu casa en una escapada de fin de semana o de una semana.

o Por último, recuerda un componente clave de la filosofía *hygge*: no se trata de una inversión financiera, sino de la experiencia en sí misma.

Los días festivos, del Día de los Caídos al Día del Trabajo

El verano también está lleno de muchas fiestas para la celebración, la mayor parte de ellas son seculares y las disfrutan la mayoría de los americanos. El Día de los Caídos, a finales de mayo, inicia de manera no oficial la temporada de verano, seguido del Día del Padre en junio y el Día de la Independencia en julio. La temporada de verano termina de manera no oficial con el Día del Trabajo a principios de septiembre. Por supuesto, estas celebraciones se centran en los Estados Unidos; sin embargo, cualquier excusa para organizar una celebración o practicar el *hygge* con la familia y los amigos es casi siempre una buena excusa. Considera algunas de las siguientes ideas sobre cómo hacer que tus vacaciones de verano sean más *hygge*:

o El Día de los Caídos es principalmente un día de recuerdo para los soldados y veteranos caídos que han sufrido mucho por nuestro país; debemos enfocar este día hacia la gratitud. También es la época perfecta del año, en cuanto al clima, para reunirse con la familia y los amigos al aire libre, normalmente con una barbacoa en el patio trasero. Pasar el día poniendo banderas y flores en las tumbas, asistir a un servicio para veteranos o visitar a tu propia familia y amigos que son veteranos muestra un gran espíritu de gratitud. Después, pasa la noche con tu familia y amigos en una gran fiesta en el patio trasero y sigue algunos de los consejos mencionados anteriormente.

o El Día del Padre también es un día para expresar gratitud hacia los padres que te criaron y te enseñaron. Recuerda que este también puede ser el día para honrar a un abuelo, un tío, un padre adoptivo, un padrastro o un mentor importante. Confecciona una tarjeta o haz un regalo hecho a mano a tu(s) figura(s) paterna(s) y asegúrate de hacerles saber lo mucho que significan para ti. A menudo esto puede tomar la forma de otra barbacoa en el patio trasero u otro tipo de reunión familiar donde la comida es sencilla y la compañía es grandiosa.

o El Día de la Independencia es una celebración de la historia y la independencia de los Estados Unidos, y otra oportunidad para expresar gratitud. También es una oportunidad para pasar un tiempo con la familia, los amigos y la buena comida. Los fuegos artificiales son tal vez un poco llamativos para el espíritu habitualmente moderado del *hygge*, pero en este caso, la exuberancia está bien situada. Para hacer que la celebración sea aún más *hygge*, date un día en la playa, algún tiempo para reflexionar y reunirte con otros para celebrarlo. También, prepara a la parrilla comida *hygge*, como hamburguesas y costillas.

o El Día del Trabajo es un homenaje al trabajo duro que todos hemos hecho durante el año. Se podría argumentar fácilmente que, si el *hygge* fuera una parte más arraigada en la cultura americana, no necesitaríamos un día festivo del Día del Trabajo en absoluto, ya que cada día sería una forma de disfrutar del equilibrio entre el trabajo y la vida. En cualquier caso, ten en cuenta que el Día del Trabajo es el final de una temporada y el comienzo de otra, normalmente más ajetreada, época del año. Recuerda que la práctica del *hygge* se puede seguir durante todo el año, incluso con el inicio de la escuela y los días de descanso del verano. El Día del Trabajo es el momento perfecto para comprometerse con la práctica del *hygge* durante el otoño y el glorioso invierno. También es otra maravillosa excusa para usar la parrilla para una última fiesta al aire libre.

Otoño: Ponte cómodo

Mientras que el otoño puede parecer a algunos como el final de las largas vacaciones que es el verano, para otros —y eso significa nosotros, con nuestra visión *hygge*— puede representar el largo y lento deslizamiento hacia la más agradable de las estaciones. El tiempo de otoño es fresco, y empezamos a sacar nuestros suéteres grandes y calcetines acogedores. Los colores del otoño son naturalmente hermosos, así que los incorporamos a la decoración de nuestro hogar. Las tardes de otoño son suaves y tranquilas, perfectas para los paseos. El otoño es la temporada en la que las tiendas empiezan a cerrar más temprano y nos llevan de vuelta a los refugios de nuestros hogares. Es una de las épocas más bonitas del año. Algunas actividades únicas de otoño e ideas para traer más *hygge* a tu temporada se enumeran a continuación.

o Haz algunas plantaciones de otoño: hay muchos cultivos y plantas a las que les gusta pasar el invierno bajo tierra, así que aquí está tu última oportunidad del año para ensuciarte las manos en el patio o en el jardín. Los tulipanes son una de esas flores a las que les gusta invernar y son un hermoso símbolo de la primavera. Si te gustan los jardines de vegetales, entonces plantar tubérculos u otras hortalizas de raíz es lo que hay que hacer. El ajo en invierno es una de las plantaciones más agradables y sencillas.

o Piensa en el símbolo del cuerno de la abundancia: el otoño es el momento de mostrar gratitud por la abundancia y la generosa cosecha. Conserva y preserva, no desperdicies la abundancia del fin de la temporada que tienes a tu alrededor. Comparte tu abundancia con la familia, amigos y vecinos.

o Ve a recoger manzanas; haz que la familia salga a disfrutar de la época perfecta del año para esta fruta tan simbólica. Organiza un concurso de manzanas más tarde por la noche, prepara manzanas caramelizadas para un divino regalo de otoño, o ambas cosas.

o Haz un viaje por carretera para disfrutar del cambio de las estaciones y el estallido de los colores del otoño. Asegúrate de preparar un pícnic o dos para el camino y siéntate bajo un árbol mientras ves las hojas caer suavemente al suelo.

o Da la bienvenida a la calabaza: uno de los símbolos perdurables del otoño, la calabaza realmente entra en acción en esta época del año. Además de todo el negocio de la calabaza, también puedes hacer pan de calabaza, pastel, sopa y un montón de otras recetas *hygge* diseñadas para sacar lo mejor de este vegetal sagrado.

o Empieza a tejer o aprende a hacerlo: es la época del año en la que hay que empezar a hacer proyectos para el invierno y la temporada de regalos. Más sobre esto en el capítulo 10.

o El otoño es también una maravillosa época del año para sacar algunas fotografías en la naturaleza; la luz es perfecta en la mayoría de los días y los hermosos colores crean fotos hermosas.

o Organiza una búsqueda del tesoro. Es un juego más inteligente y más adulto que Halloween. La búsqueda del tesoro es la actividad de otoño perfecta para un grupo de amigos del juego. Salid, divertiros y luego asegúrate de ofrecer grandes tazones de sopa y trozos de pan crujiente para disfrutar, junto con una buena conversación, al final de la noche.

El Día de Acción de Gracias no es solo para los americanos

La temporada de otoño no está tan llena de fiestas, ya sean laicas o no, como las otras. Para los estadounidenses, el Día de Acción de

Gracias tiene una gran importancia: es un día festivo celebrado nacionalmente que cruza todas las líneas religiosas y culturales, así como el comienzo oficial de la gran temporada de fiestas que es el invierno. Incluso si no eres americano —o si encuentras el mito del Día de Acción de Gracias demasiado empañado para tu gusto— todavía puedes apreciar el mensaje subyacente de dar gracias por todo lo que hemos disfrutado a lo largo del año. Para la mayoría de los estadounidenses, el Día de Acción de Gracias significa ciertas comidas y reuniones familiares, y eso está ciertamente en el espíritu del *hygge*, también: la tradición y la gratitud son componentes clave para vivir el estilo de vida *hygge*. Así que asa el pavo y el relleno, si lo deseas, o simplemente invita a amigos y familiares a la cena. De cualquier manera, estás practicando las mayores alegrías simples del *hygge*.

Capítulo 8. El hygge en la práctica: la crianza de los hijos hygge, las relaciones y la unión

Uno de los componentes más cruciales en la práctica del *hygge* es alentar y facilitar las relaciones positivas y el fomento de la unión. La práctica del *hygge* puede tener un profundo impacto en todas tus relaciones, desde criar a los hijos con empatía hasta nutrir el vínculo conyugal para convertirte en un mejor amigo. Las tradiciones *hygge* de conversar en cafeterías y de comer juntos en familia alrededor de una mesa servida crean vínculos de afecto que duran toda la vida. Las actividades *hygge* también enfatizan la importancia de pasar tiempo con nuestros seres queridos con alegría y atención. Abrazar la simplicidad y el placer de cada día es profundamente reconfortante para todos nosotros, especialmente para los niños, y reconocer que nuestras formas más altas de felicidad provienen de nuestras relaciones con los demás sigue siendo el núcleo de la forma de vida *hygge*.

Padres: la crianza pacífica de los hijos

El impacto que tenemos como padres no puede ser exagerado, por supuesto, y la forma en la que decidimos ser padres no solo afecta a la salud física y psicológica de nuestros hijos, sino que también sirve como modelo de cómo nuestros hijos se comportan e interactúan con otras personas. Finalmente, en la mayoría de los casos, esto se transfiere a la forma en la que tus hijos crían a sus propios hijos. La manera *hygge* de criar a los hijos enfatiza la unión, la autenticidad y la empatía. A primera vista, puede parecer que el estilo de vida *hygge* es para los despreocupados y sin hijos: las tardes que se pasan descansando en cafeterías o frente a un fuego o los atracones de lectura en un rincón acogedor y tranquilo. Sin embargo, los valores subyacentes inherentes al concepto de *hygge* se pueden aplicar de manera muy apropiada a los estilos de crianza. ¿Quién de nosotros no abrazaría la idea de una «paternidad pacífica»? Puede sonar más fácil de decir que de hacer, pero con algunos consejos y técnicas bien pensadas, puedes incorporar lo mejor del *hygge* a tu estilo de criar a tus hijos.

o Una de las técnicas de crianza más importantes que puedes emplear es la de estar presente con tus hijos. Sintonizar con sus necesidades y deseos, en lugar de intentar proyectar en ellos lo que crees que pueden necesitar o querer. Ponte a su nivel, literalmente, y observa el mundo a través de sus ojos.

o Sé sincero y auténtico cuando respondas a sus intereses. Cualquier niño con una agudeza razonable sabe si un adulto se condesciende con ellos, así que responde con preguntas sinceras y brinda tu apoyo.

o La empatía es también un elemento central en la crianza al estilo *hygge* (y en la vida, en general); fomentar la empatía de los demás mediante la muestra de la misma a tus propios hijos crea un vínculo como ningún otro. Fomenta la actividad creativa: involúcrate en proyectos de arte con tus hijos o juega a disfrazarte o a hacerte pasar por alguien. Alimenta su imaginación y crea un espacio seguro para que se expresen. Lo creas o no, ganarás tanto de esta interacción como ellos.

o Promueve los juegos que son estimulantes para los sentidos. Aunque los dispositivos tecnológicos tienen un lugar en nuestras vidas, para estar seguros, hay algo que decir sobre los tipos más tradicionales de juego. Considera la posibilidad de invertir en un arenero, hacer maquetas o juegos con la plastilina.

o La música es también una excelente manera de poner a los niños —y a ti mismo— en movimiento, mientras se estimulan nuestros cuerpos y mentes. La actividad física es tan importante para el desarrollo del cerebro y la salud en general como lo es la actividad intelectual.

o Siempre hay que comer juntos y animar a los niños a participar. ¡Este ritual es muy importante! Este hábito de pasar el tiempo preparando la comida, dando gracias y comiendo juntos alrededor de una mesa es un hábito para toda la vida. Estudio tras estudio muestra los increíbles beneficios que este simple ritual puede tener en los niños. Permite una interacción más humana, empática y placentera para el resto de sus vidas.

o Jugar juntos es otro componente clave en la crianza de un niño hasta la edad adulta. Los juegos a menudo proporcionan práctica para la vida real, al menos en los juegos tradicionales. Con esto en mente, intenta apartar a los niños del teléfono o el ordenador, involucrándolos en otras formas de juego que les ayuden a modelar relaciones y actividades que les ayuden en la vida adulta.

o Tampoco te olvides de jugar afuera. Cultiva el amor por el aire libre y la empatía por la naturaleza, en general. Recuerda el dicho danés: «No hay mal tiempo, solo malas elecciones de ropa». El juego al aire libre es un asunto de todo el año y, en cualquier estación, siempre hay la recompensa de volver al refugio de la casa, ya sea por una taza de cacao, un tazón de sopa o por un poco de limonada y una pasta de *smørrebrød*.

o La lectura conjunta es otra forma segura de crear un hábito positivo para toda la vida. Anima a los niños a pasar un tiempo tranquilo leyendo también. Deja a los niños el espacio para que se imaginen su propio cuidado personal.

o Dedica algo de tiempo al afecto físico, también. Abrazar y reconfortar a tus hijos es una de las cosas más significativas que puedes hacer para que se sientan seguros y felices a lo largo de sus vidas. Cuando les das toda tu atención y compromiso, les das paz y felicidad.

o Por último, recuerda creer en ti mismo: confiar en tus instintos *hygge* como padre te dará la confianza, la bondad y la paciencia para criar a tus hijos con amor y generosidad.

Personas cercanas: cultivar la relación

También haríamos bien en considerar los fundamentos de un estilo de vida *hygge* al abordar la relación con las personas cercanas a nosotros, ya sea que se trate de cónyuges, compañeros sentimentales o parientes. A menudo nos olvidamos de que las relaciones requieren esfuerzo, al igual que la crianza de los hijos. Sin el mismo tipo de espíritu de crianza con el que nos acercamos a nuestros hijos, las relaciones pueden estancarse o volverse insostenibles. El concepto del *hygge* es fácilmente aplicable a nuestras relaciones románticas y muchos de los seguidores del estilo de vida *hygge* tiene una relación de pareja saludable. Por ejemplo, crear un hogar reconfortante es el primer paso para volver a casa del trabajo a un ambiente acogedor, el tipo de lugar donde sea fácil encontrar un buen estado de ánimo. Otros consejos y técnicas para mantener relaciones amorosas felices son los siguientes:

o Crea buena energía en toda la casa, especialmente en los lugares en los que interactúas a nivel íntimo, como el dormitorio. El área de estar es para todos los que entran en la casa, pero el dormitorio debe ser un lugar *hygge* para solo vosotros dos.

o Llena tu casa con artículos que tengan significado, en lugar de objetos materiales que simplemente anuncien riqueza o éxito. No puedes comprar el *hygge*, sino que lo construyes a través de la memoria y la atención a los detalles mundanos de lo cotidiano. Fotografías de familia, recuerdos de vacaciones u objetos naturales decoran el espacio de tal manera que se consolida la unión.

o Pero no te olvides de ti mismo. Uno de los elementos fundamentales en la creación de una relación *hygge* es encarnar tú mismo los ideales del *hygge*. El cuidado de uno mismo es necesario para poder cuidar de los demás. Además, piensa en esto con respecto a tu casa: tu hogar debería recordarte no solo a tu actual unión, sino también a tu yo individual. Perderse en una relación no es una fórmula para la felicidad, sino una receta para los resentimientos a largo plazo.

o La comunicación, como todos sabemos, es clave para cualquier relación constructiva. Aprende a comunicarte de una forma abierta, honesta, auténtica y tranquila para obtener los mejores resultados.

o La cooperación también es clave para el éxito de cualquier relación, especialmente si implica a múltiples personas y objetivos: las parejas que crían juntas a sus hijos deben cooperar invariablemente en muchos aspectos, pero también deben aprender a cooperar dentro de los límites de su única relación interpersonal. Esto depende de una comunicación abierta y honesta, así como del deseo de poner la unión por delante de los otros objetivos.

o Deja el trabajo en el trabajo. Esto es más difícil de lo que parece para muchos, si no para la mayoría de nosotros. Sin embargo, si vas a crear una relación de verdadera unión que encarne el espíritu del *hygge*, entonces debes prestar atención a las formas en las que tu vida laboral interfiere con tu vida familiar. Trata de lograr el mayor equilibrio posible y, si es que debes abordar los asuntos de trabajo en el hogar, trata de seguir algunas reglas simples. No interrumpas el tiempo familiar alrededor de la mesa con el trabajo. Designa un área específica de la casa —que no sea el dormitorio— en la que puedas trabajar brevemente. Termina cualquier trabajo al menos una hora antes de que planees dormir, así no sacrificarás las veladas familiares durante la tarde.

o En cuanto a la cena, ese tiempo es sagrado, algo que hay que proteger y honrar. Haz que sea un hábito mantenerlo sagrado.

o Usa la música para crear el ambiente: prepara tus propias listas de reproducción para diferentes ocasiones y diferentes estaciones para mantenerte en el espíritu de la felicidad relajada.

o La desaceleración, en general, es la regla de oro cuando se practica el *hygge*. Dedica tiempo especial a tu pareja a diario, no importa lo aparentemente simple o limitado que esto pueda ser. Agarra a tu pareja de la mano mientras veis una película, dais un paseo después de la cena y comprometeros a estar solos una hora antes de acostaros, sin interrupciones.

o Minimizad el exceso de cosas en vuestras vidas, ya sean materiales o emocionales. El equipaje de todo tipo interfiere con la paz y la felicidad.

Amigos: establecer vínculos

Otro factor crucial en la práctica del *hygge* es formar y mantener los lazos de la amistad. Además de tu familia, los amigos son las conexiones más importantes que tienes en el mundo y, en el mejor de los casos, los amigos satisfacen las necesidades que la familia no puede. Hablar con un amigo sobre el estrés que tienes a la hora de criar a tus hijos es muy diferente a tener esa misma conversación con tu pareja. Pasar algún tiempo lejos de la familia es tan saludable e importante como pasar tiempo de calidad con ella. Las amistades son nuestra forma de mantener un sentido de nuestro propio ser, separado de las necesidades y deseos de los miembros de la familia. Y, al igual que con los niños y con las relaciones íntimas, las amistades deben ser nutridas y cultivadas con la calidez y la atención, para que se mantengan. Uno de los datos más llamativos de las recientes investigaciones sociológicas es que la conexión social es el mejor predictor de la felicidad general. Por lo tanto, necesitamos establecer y mantener los lazos que tenemos con nuestras conexiones sociales más sólidas a través de las amistades u otras relaciones duraderas.

o Dedica tiempo para pasarlo con tus amigos. Es maravilloso si puedes establecer una fecha y hora fija para reunirte con los amigos cada semana o crear un ritual en el que las interacciones amistosas tengan lugar con espontaneidad y facilidad. La cultura del café en Dinamarca crea una especie de experiencia integrada en la que se fomentan las amistades; si no tienes ese tipo de cosas en el lugar donde vives, piensa en otros lugares o formas en los que puedan tener lugar los encuentros amistosos (una cafetería, una librería o un bar informal).

o Invierte en las amistades dándoles la bienvenida en tu casa: organiza un almuerzo mensual el domingo, una noche de juegos el sábado, un juego de cartas el viernes por la noche, un miércoles de vino o un jueves sediento, lo que funcione mejor para tu público. La idea es hacer que el evento sea recurrente y no ocasional; la planificación y el alboroto se mantienen al mínimo, y tu casa se convierte en un lugar acogedor y reconfortante.

o Fomenta las visitas sin cita previa. Esta no es una actitud típicamente americana en nuestra sociedad contemporánea, donde a menudo ni siquiera conocemos a nuestros vecinos, pero es una parte arraigada de la vida danesa. Si tu casa es *hygge*, entonces esto debería ser lo normal y lo aceptado.

o No tienes que preocuparte por hacer grandes y elaboradas fiestas para crear un vínculo con tus amigos. A menudo, los lazos más íntimos se crean con un pequeño grupo de personas, idealmente de tres a cinco. Además, esta no es la razón de la unión *hygge* de todos modos; la razón es estar relajado, cómodo, despreocupado y disfrutar de una buena compañía.

o Siempre ten una buena comida y bebidas a mano. No tiene que ser algo extravagante, sino lleno de espíritu de la hospitalidad. Honra a tus amigos con generosidad y amabilidad.

o Saborea el momento: visualiza el tiempo con los amigos como lo harías con la familia, un tiempo para desconectarse de los dispositivos y para interactuar de una manera amistosa y con conversación.

o Recuerda que la amistad es una elección, a diferencia de la familia, y con esas elecciones viene una dedicación para cuidar de otros que no son de tu familia inmediata. Este tipo de pensamiento tiene un efecto dominó definitivo, que irradia de la familia a los amigos, a los vecinos y a los extraños. Fomentar el respeto mutuo y la conexión de empatía entre las personas es la esencia de la práctica del *hygge*.

La familia: una unión intergeneracional

Todo lo que se dice arriba sobre la amistad y la mayoría de lo que se puede decir sobre nuestras relaciones familiares también se aplica a la familia menos cercana. Una de las tragedias de la vida moderna americana es que pasamos más tiempo con la tecnología que nunca y menos tiempo con nuestros familiares y ancianos. Se puede ganar mucha sabiduría al mantener relaciones y conexiones con nuestros abuelos, tías, tíos o mentores. Mientras que esto no se reduce solo a la práctica del *hygge*, las relaciones que podemos fomentar con nuestros parientes enriquecen, iluminan y animan nuestras vidas de innumerables maneras.

Una historia que podría ilustrar esto mejor que ninguna otra es la de una joven que comenzó la universidad, solo para descubrir que su beca no llegaba para cubrir el coste de la vida en el campus. Su abuela vivía cerca, pero la perspectiva de pasar sus años de estudiante en la casa de su abuela no era muy atractiva y ¡no era así como ella imaginaba la universidad! Sin embargo, al no tener otra alternativa, aceptó y trasladó sus cosas a la habitación de invitados en la parte de atrás de la casa de su abuela. Fue difícil al principio, porque, aunque siempre había pasado tiempo con esta abuela mientras iba creciendo, nunca había estado muy unida a ella. A diferencia de su otra abuela, que la adoraba y hacía cosas de abuela como hornear o hacer manualidades, esta abuela estaba más interesada en sus amigas, juegos de mesa y conversaciones de adultos.

Se sorprendió mucho cuando, poco a poco, empezó a comprender de dónde había salido su abuela: de un entorno rural y muy pobre en el que su padre murió de joven y dejó a su madre para criar a cinco hijos por su cuenta. Se enteró de que su abuela tuvo que aceptar un trabajo siendo muy joven y renunciar a su educación para poder mantenerse, y se enamoró de un hombre mayor —su abuelo— que tenía unas ideas anticuadas sobre las mujeres que trabajaban fuera de casa. Llegó a descubrir que su abuela era una persona muy inteligente y divertida, que nunca había tenido la oportunidad de crecer al máximo en la vida. En cambio, ahora, se pasaba los días ayudando incansablemente a su nieta en sus esfuerzos por conseguir todo lo que a ella se le había negado. La nieta se dio cuenta de que su abuela no era una simple abuela: era una mentora, una figura materna protectora y una mejor amiga. Esta relación influyó en la forma en la que la nieta vería todas sus relaciones a partir de entonces: con empatía y alegría por descubrir la conexión que es invisible a primera vista. Ese era el espíritu *hygge* de la abuela: ella disfrutaba de las pequeñas cosas de la vida, cocinaba con gusto, recibía con los brazos abiertos y promovía el amor y la felicidad en todos aquellos a los que cuidaba. Nos haría bien a todos tomarnos un tiempo para fomentar este tipo de conexiones con nuestros mayores, aunque solo fuera para enseñarnos a adoptar la práctica del *hygge* frente a cualquier cosa que el mundo nos arroje.

Capítulo 9. El hygge en la práctica: la frugalidad

Se ha dicho repetidamente a lo largo de este libro que la práctica del *hygge* no requiere gastos excesivos. No se trata del dinero; se trata de la experiencia. De hecho, uno de los principios del *hygge* es evitar el despilfarro y disfrutar de lo que existe en el ámbito de la vida diaria: ¡simplicidad, simplicidad, simplicidad! Más allá de esto, sin embargo, hay maneras de pensar en el *hygge* como el tipo de vida frugal más feliz que puedes llevar. Cualquiera puede practicar el *hygge*, sin importar sus ingresos y ciertas actividades que son inherentemente *hygge* son también inherentemente respetuosas con el presupuesto. Echa un vistazo a algunos consejos para ahorrar dinero, para pasar el tiempo de manera *hygge* y con un bajo presupuesto.

Lista de puntos clave

✓ ¿Y todas esas velas? ¡Primero, no te gastes una fortuna en ellas, hagas lo que hagas! Es difícil practicar el *hygge* sin ellas, e inevitablemente quemarás muchas, especialmente en invierno. Busca en la sección de descuentos de los grandes almacenes para encontrar buenas ofertas o busca lugares donde puedas comprar al por mayor. A menudo, las velas de té y las velas votivas cuestan unos pocos centavos cada una. Además, comer (o vivir) a la luz de las velas te ahorrará dinero de la factura de la luz. Marshalls™ siempre tiene una buena selección de velas u otros artículos *hygge* —mantas o almohadas— a precios razonables. Wayfair.com es un sitio web para comprar velas al por mayor por la mitad de los precios de venta al público.

✓ ¿Cuál es una de las actividades más *hygge* que puedes realizar? *Quédate en casa.* No necesitas buscar entretenimiento ni transporte. Invita a tus amigos a tomar unas copas y a ver una película, no se necesitan cócteles caros ni Uber, a menos que esos amigos estén tomando más de una o dos copas y tengan la intención de conducir a casa. Uno de los conceptos centrales del *hygge* es sentirse cómodo y feliz dentro de tu propia casa.

✓ Mientras estés en casa, enciende la chimenea: es una excelente manera de mantenerse caliente y cómodo por poco dinero. De nuevo, estás ahorrando en gas o electricidad mientras creas una atmósfera acogedora para que todos la disfruten.

✓ Invierte en unas pocas y resistentes tazas para beber en casa con los amigos: café, cacao, vino caliente, sidra, etc. Todas estas bebidas sabrán mejor en una simple y vieja taza. De nuevo, compra al por mayor (inevitablemente, una o dos se romperán), y no te preocupes por las etiquetas de lujo o por una delicada vajilla. Algo que se pueda meter fácilmente en el lavavajillas y que se sienta cálido y sólido en las manos se ajustará perfectamente a la factura. Esta es una buena manera de empezar a crear una sensación *hygge* con un presupuesto limitado.

✓ Para decorar, utiliza objetos naturales o «encontrados». No hay necesidad de gastarse mucho dinero —o nada en absoluto— para crear una estética *hygge* en tu casa. Ramas, piedritas, flores secas u hojas dispuestas y expuestas de forma agradable es todo lo que necesitas para traer un poco de *hygge* a casa. Será mucho mejor si los «trabajas» un poco. Consulta el siguiente capítulo para obtener más ideas sobre las diferentes manualidades que puedes hacer.

✓ Lo hecho en casa es algo definitivamente *hygge*, desde la comida hasta la decoración, los regalos, los calcetines y las bufandas. Sí, se necesita dinero para comprar los materiales, pero es mucho más barato cocinar una comida casera para cuatro que comprarla. Lo mismo ocurre con los artículos de decoración y los regalos hechos a mano. Además, una hermosa tarjeta dibujada a mano es un recuerdo, no solo otra cosa más que se tira a la basura. También puedes personalizar artículos más baratos comprados en la tienda para darles un toque personal, ya sea para tu casa o como regalo: almohadas, cojines o mantas pueden ser fácilmente decorados con tu propio estilo personal. Aprende a tejer, ya que el hilo y las agujas de tejer son mucho más baratos que comprar bufandas, gorros y demás.

✓ Incluso si no eres una persona a la que se le dan bien las manualidades, puedes escribir una carta o enviar una nota de agradecimiento. La gratitud se ubica en el centro del estilo de vida *hygge*, también, y sacar tiempo de tu día para dar las gracias es una manera frugal de añadir algo de bondad al mundo.

✓ Recuerda la lectura: es una frugal emoción *hygge*. Anima a tus amigos a pedir prestados e intercambiar libros para ampliar tu repertorio. Empieza un club de lectura e invita a los miembros a tu cálida y acogedora casa para hablar de libros y beber vino caliente delante de la chimenea. Sacad libros de la biblioteca o buscad en librerías de segunda mano para comprar muchas lecturas divertidas e interesantes.

✓ Haz un balance de lo que necesitas en lugar de lo que deseas. La idea del *hygge* es volver a los valores simples y a los placeres sencillos, pero a veces todos nos vemos atrapados en el constante esfuerzo de la cultura del consumo. Una de las actividades más frugales que puedes realizar es hacer un inventario de lo que tienes y de cuánto usas. No te llevará mucho tiempo decidir claramente lo que es necesario y lo que sobra. Además, esto te da la oportunidad de reutilizar ciertos objetos que tienes. Hay un dicho que dice: «La basura de un hombre es el tesoro del otro». Podrías encontrar tesoros escondidos en el fondo de tu armario. Con un poco de esfuerzo de limpieza, serás capaz de limpiar tu casa sin ningún gasto adicional.

✓ En resumen, busca artículos usados para tus necesidades del *hygge*. Las tiendas de segunda mano y los almacenes en línea ofrecen muchos artículos muy asequibles, desde cómodos suéteres hasta grandes lecturas y artículos para el hogar. Para artículos más grandes, como sofás u otros muebles, Craigslist es siempre una opción factible. De hecho, la idea de reciclar, de evitar el desperdicio es central para la filosofía *hygge* y la sociedad escandinava en general.

✓ Abre una cuenta de ahorros: si descubres que te faltan varias cosas que te gustaría tener para refinar tu estilo de vida *hygge*, o si acabas de empezar, entonces abre una cuenta *hygge* para estas cosas. Apartar un poco de cada cheque de pago te permitirá pagar los artículos poco a poco. Tener una cuenta de ahorros es una buena idea, de todos modos.

✓ Además, recuerda que no tienes que hacerlo todo de una sola vez. Comienza con un área de tu vida o de tu casa para empezar a practicar el *hygge*. Si tienes una bicicleta, entonces ve en bicicleta al parque, eso ya sería un comienzo. Si quieres empezar a invitar a tus amigos a las noches de juegos, entonces practica el *hygge* en tu salón; los dormitorios, los baños y el armario pueden esperar. Tómatelo por partes y recuerda que el *hygge* es una forma de pensar, no un conjunto de cosas materiales.

✓ Las cosas sencillas son a menudo las mejores cosas de la vida, también. No cuesta nada pasar un tiempo acurrucado con un ser querido o mirar fotos viejas para recordar, no cuesta absolutamente nada y significa casi todo. Pasar tiempo con los seres queridos es infinitamente mejor que gastar dinero.

Capítulo 10. El hygge en la práctica: las manualidades a lo hygge

Como se ha mencionado con frecuencia a lo largo de este libro, lo casero y lo hecho a mano son sin duda la esencia de la práctica del *hygge*. Esto no solo resume el espíritu de un estilo de vida simple y lento, sino que también enfatiza tanto la frugalidad como la generosidad. La frugalidad de la elaboración de los objetos con materias primas —siempre más baratas que la compra de productos de fábrica producidos en masa— equilibrada con la expresión de la sincera generosidad que se encarna en cada artículo artesanal que se crea es una de las características más profundas de la práctica del *hygge*. Una tarjeta hecha a mano con una nota personal bien pensada es infinitamente más *hygge* que una compra en unos grandes almacenes; un precioso centro de mesa hecho de objetos encontrados y materiales naturales es mucho más impresionante que una pieza de exposición comprada. El uso de sombreros, bufandas y suéteres tejidos a mano muestra la esencia de la práctica del *hygge*: comodidad, cuidado, bienestar y generosidad. La felicidad no es más que un momento tranquilo de trabajo reflexivo y una satisfacción duradera al crear alegría para uno mismo y para los demás con tus propias manos.

A continuación, se presentan algunas ideas generales sobre qué tipo de manualidades son especialmente *hygge*, junto con algunas sugerencias específicas sobre qué proyectos podrías llevar a cabo.

o Recuerda que uno de los componentes clave para crear un objeto *hygge* es disfrutar del proceso. Siéntate en tu *hyggekrog* y relájate con las tareas gentiles de tejer un edredón, coser un suéter o realizar cualquier otro tipo de manualidad. Disfruta del relajante proceso de ralentizar y perderse en una tarea que nuestro ajetreado mundo casi ha olvidado. El resultado final es nada menos que la encarnación física del acogedor y feliz espíritu del *hygge*.

o Cuando te embarques en proyectos domésticos — especialmente si eres nuevo en el concepto de manualidades— piensa en algo pequeño y manejable. En lugar de empezar a tejer un suéter, piensa en añadir algo de textura a un suéter o chaqueta que ya tienes. Añadir textura a los objetos de la casa o a las piezas del armario es otra característica distintiva del *hygge*. Aprender a coser una pequeña, pero llamativa, decoración en tu suéter favorito es una forma de lograr tanto el interés por la textura como la alegría por lo hecho en casa y lo personal.

o No te atasques en los grandes proyectos, especialmente cuando se trata de hacer que tu casa sea más *hygge*. Puede resultar abrumador añadir grandes piezas de mobiliario, agrandar la chimenea, crear una chimenea donde antes no había ninguna, repintar una habitación o cambiar la alfombra. ¡Estas son grandes — y a veces costosas— tareas! En la filosofía del *hygge*, son las pequeñas cosas las que importan, las pequeñas y simples cosas que añaden chispa a su hogar. Un jarrón pintado a mano, las baratijas de papel o una corona decorativa hecha de materiales naturales: estas son las cosas que hacen que tu casa sea acogedora, cómoda y llena de vida.

o Piensa en la práctica de las manualidades como en la expansión del hábito de fomentar las relaciones: los regalos hechos a mano son siempre tan bien pensados y abrigan el corazón tanto del que los da, como del que los recibe. Incluso si compras un regalo para alguien, puedes personalizarlo con una tarjeta hecha a mano o un dibujo de punto de cruz. Son los pequeños detalles los que pueden marcar la diferencia entre un regalo mediocre y uno memorable.

o Aunque no siempre consideramos el arte de la cocina como una manualidad, ¡seguro que lo es! Aunque un regalo culinario puede ser efímero, es realmente de corazón. Partir el pan juntos es una de las interacciones sociales más antiguas y veneradas, y alimentar a la gente es expresar el amor de la manera más íntima. Hornear pan para un vecino o un amigo —y regalarlo junto con una tarjeta de receta escrita a mano— es uno de los regalos artesanos más *hygge* de los que se puede disfrutar. Durante las fiestas, hornear todo tipo de pan es una forma agradable de pasar una fría mañana de invierno, mientras se tiene la satisfacción adicional de proporcionar un alegre —y delicioso— sustento a la familia y amigos. Una bolsa de galletas navideñas es el regalo por excelencia.

o ¿Recuerdas esas velas? Son muy importantes para el *hygge*, su luz ayuda a que tu casa sea más *hygge* y también se pueden hacer a mano. Por una pequeña inversión inicial en materiales, puedes personalizar las velas en cuanto a su tamaño, forma y aroma. Asimismo, esto es otro elemento de la naturaleza frugal del *hygge*, ya que las velas caseras, a la larga, son más baratas que si las compraras. Además, si reciclas todos los trozos de cera que quedan al final de la vida de una vela, ¡tendrás material para empezar de nuevo!

o Otra idea de manualidades que se ha mencionado a lo largo del libro es utilizar materiales naturales para la decoración del hogar. Puede ser tan simple como colocar objetos en un frasco o un jarrón transparente, o tan complicado como crear un patrón con flores secas para decorar una caja de regalo. También puedes adornar tu mesa con un centro de mesa o tu mantel con una guirnalda de materiales naturales. Incluso los restaurantes de alto nivel se están sumando a esta tendencia, al adornar paredes y arcos con un material orgánico. Hay muchas ideas en Internet, así como libros especializados en artesanía de la naturaleza.

o Sin duda, como ya se ha mencionado, el tejer es una de las manualidades centrales a la hora de hacer uso del espíritu *hygge*. Combina el uso de materiales suaves y neutrales con la capacidad de personalizar en gorros, bufandas, suéteres y mantas. Aunque tejer es una habilidad que lleva tiempo desarrollar, hay algunos métodos simplificados si eres un principiante. Considera la posibilidad de embarcarte en proyectos más pequeños al comenzar tu viaje *hygge*. Mientras que el *hygge* quizás requiera un método más tradicional, ciertamente no prohíbe la curva de aprendizaje del principiante. Incluso con los métodos de atajo, tenemos el tiempo empleado en ralentizar y crear con nuestras propias manos.

o Aunque muchas manualidades son instintivas e improvisadas, hay innumerables recursos para ti. Incluso el manualista más experimentado puede obtener nuevas ideas y perfeccionar las viejas habilidades al leer un libro sobre manualidades a lo *hygge*.

Lista de puntos clave

Aquí hay algunas ideas específicas para proyectos de manualidades reales que podrías emprender, desde tejer, hacer ganchillo y coser, hasta la decoración del hogar u otras ideas similares. Estos proyectos van desde ideas para el manualista más avanzado hasta las tareas más sencillas para principiantes. Lee toda la lista para encontrar una variedad de ideas. ¡No lo dudes! Comienza hoy mismo uno de estos proyectos inmensamente satisfactorios.

✓ Escoge un patrón de tejido para un suéter al estilo *hygge*. Estos patrones se pueden encontrar en cualquier tienda de manualidades local o en varios sitios en Internet. Recuerda: un suéter tejido a mano no es un regalo de una sola vez, es un precioso recuerdo que se pasa de mano en mano entre los miembros de una familia.

✓ ¿Buscas algo más simple que un suéter? Escoge un patrón de tejido para una bolsa de lana tejida a mano, quizás el lugar perfecto para guardar tus materiales de tejido, en un lugar agradable cuando termines. Esto también sería un gran regalo para un amigo que hace punto o podría ser un lindo accesorio para un fresco día de invierno.

✓ También podrías intentar tejer una colcha o una manta. Estos patrones están disponibles desde lo increíblemente simple a lo increíblemente complejo: es posible tejer una manta cómoda y gruesa en un solo día con algunos de estos patrones. Los objetos más complejos utilizan una variedad de materiales para crear diferentes patrones y texturas.

✓ El ganchillo es otro arte casi perdido que crea la misma sensación acogedora y cómoda de tejer para una variedad de proyectos. Por ejemplo, hazte a ganchillo para ti mismo (o para un ser querido) unas zapatillas calientes para usarlas mientras lees un libro junto al fuego.

✓ También podrías tejer a ganchillo unas adorables fundas para tus tazones de sopa, tetera o tu taza favorita. Estas fundas hechas a medida no solo mantienen la comida y la bebida caliente, sino que también son estéticamente atractivas. Prácticas y bonitas, son buenas ideas para el aficionado al ganchillo principiante.

✓ También puedes usar tus habilidades de ganchillo para hacer pequeños bolsos de mano o carteras, al crear patrones de tapicería para hacer otro artículo práctico y bonito para tu uso personal.

✓ Escoge el más suave de los hilos para tejer la bufanda perfecta, del tipo que te gustaría usar para acariciar tu cara y tus manos en los días más fríos del invierno. Esta es también una encantadora idea de regalo para cualquier amigo o miembro de la familia que disfrute de las comodidades del *hygge*.

✓ Ya que estás empezando a entender la idea de hacer manualidades, ¿por qué no te haces un alfiletero personalizado para colocar los alfileres y agujas mientras coses? Es un proyecto pequeño, pero significativo, que te hará continuar con tu trabajo, simplemente porque es un atractivo símbolo de logro.

✓ También hay proyectos de ganchillo más complicados que se pueden llevar a cabo, como tejer a ganchillo una bata de gran tamaño para usarla junto a la hoguera, o hacerla de un material más ligero para poder usarla en un pícnic a principios de la primavera. Unos bonitos y gruesos calcetines para las botas son otra forma de colorear tu armario con tu propia destreza y no te olvides de la absoluta utilidad de un precioso gorro hecho a mano. Por muy simple que sea, puedes tejer un gorro para casi todas las circunstancias.

✓ No te olvides de otra de las partes esenciales de tu armario *hygge* y cósete un par de cómodos pantalones de chándal. Hay algunos patrones relativamente fáciles de seguir. Antes de coserte un par, borda tu propio par favorito con un diseño precioso o una frase significativa.

✓ También podrías aplicar las habilidades de costura a otros artículos del hogar, como fundas de almohada y decoraciones. Coser una funda personal para un mueble también es un buen proyecto, así como crear manteles personalizados, salvamanteles o servilletas, ya sea añadiendo detalles decorativos o creando desde cero.

✓ No olvides la tradición del acolchado: guardar diferentes trozos de esto y de aquello, cosas que tienen un significado y una importancia personal, para crear un recuerdo para toda la vida. Invita a tus amigos, también, a participar en un círculo de acolchado muy *hygge*.

✓ También existe una tradición norteña del corazón escandinavo: estos corazones hechos a mano se hacen en toda Escandinavia y es una tradición que a veces se le atribuye al autor danés Hans Christian Andersen. Son particularmente populares en Navidad. A menudo, son corazones muy sencillos hechos de papel, pero el corazón tejido también es muy popular. Hacer unas docenas de estos corazones para acompañar los paquetes en las fiestas es una manera agradable de comenzar tu propia tradición anual. Algunas ideas específicas para la decoración del hogar podrían incluir los siguientes proyectos:

- o Usar piñas de pino encontradas para crear una corona. Puedes colgarla en la pared o usarla como centro de mesa. Con algunas precauciones (es decir, evitar cualquier peligro de incendio), también podría servir como nido para una vela.
- o Fabrica algunas velas, como se mencionó con anterioridad. Recuerda que apenas necesitas invertir en materiales: guarda los trozos de cera de varias velas gastadas y reutilízalas en una taza de té para un nuevo look.
- o Fabrica candelabros de materiales reciclados o rústicos. La arpillera es un material excelente para

esto, por ejemplo. Los portavelas tienen el beneficio adicional de atenuar el brillo de la vela para una atmósfera aún más *hygge*, así como para añadir un toque personal a la decoración de tu hogar.

o ¿Y cómo guardas todas esas tazas que tienes para el café, el cacao y el té? Pues fabricas un soporte o un gancho de pared de madera. Cuelgas tus tazas en este soporte de madera hecho a mano, que sirve tanto para fines prácticos —están todas ahí al alcance de tu mano— como para la decoración.

o Y hablando de decoración, si tienes la habilidad de trabajar la madera para realizar estos pequeños proyectos, piensa en otros lugares donde puedas darle un uso práctico y bonito a tu trabajo. Considera la posibilidad de crear un juego de ganchos de pared para que los visitantes cuelguen allí sus abrigos y suéteres, un árbol de madera o una montura para colgar las joyas en tu dormitorio. ¿Qué tal una simple caja en la que guardar los utensilios o materiales de manualidades? Solo porque algo sea práctico no significa que no deba ser significativo.

o Crea adornos de pared con materiales naturales. Tus habilidades de costura, tejido o ganchillo pueden ser muy útiles aquí, o puedes buscar varias piezas entre los restos de la tienda de artesanías local, para crear algo único y personal. Trozos de piel, trozos de varios materiales, incluso ropa reutilizada, se pueden coser para aportar un poco de estilo *hygge* a tu casa. Asegúrate de enfocarte en colores neutros y tranquilizantes para un look más *hygge*, en lugar de un abismo de desajustes.

o Crea o personaliza tus propios marcos de fotos. Mediante el uso de materiales naturales, puedes crear tus propios marcos para exhibirlos por toda la casa. Esto también es un maravilloso regalo. También puedes personalizar los marcos con un poco de material natural encontrado aquí y allá, recoger y pulir algunos palos o piedras en tu propio patio trasero, para algo encantador y digno para mostrar tu legado

o ¡No te olvides de las estaciones! Los adornos navideños caseros son un maravilloso complemento para cualquier árbol, desde pequeños proyectos con vidrieras de colores hasta adornos pintados o guirnaldas de ganchillo. Todas estas cosas hacen que las fiestas sean muy *hygge*. Construye un pueblo de invierno para exhibirlo durante toda la temporada, con arcilla y pintura. Asiste a un taller de cerámica para hacer algunas velas o jarrones navideños, y así sucesivamente. Diseña un calendario de adviento hecho a mano, para contar los días que faltan para la Navidad. Escribe tus mejores recetas navideñas en encantadoras tarjetas para regalar a tus amigos y familiares. Teje calcetines de punto o de ganchillo para la familia o borda los calcetines que ya tienes con nombres o frases de alegría navideña. En realidad, las ideas son infinitas, y existen innumerables libros y guías disponibles para que encuentres la artesanía perfecta para completar tu experiencia navideña *hygge*.

✓ Crear un álbum de recortes personalizado se convirtió en un negocio en auge hace unos veinte años y sigue siendo una forma maravillosa para que el artesano principiante exprese su amor y su gratitud hacia la familia y los amigos. Una forma divertida de pensar en los álbumes de recortes es contar una historia usando palabras, imágenes y complementos decorativos. Regala a tu mejor amigo o amiga un álbum de recortes para su 40 cumpleaños, haz un álbum de recortes para una futura madre o prepara un álbum de recortes con dichos e imágenes inspiradoras para un regalo de aniversario o un regalo de graduación de la universidad. Las posibilidades son numerosas y requieren una mínima habilidad, y mucha dedicación y atención.

✓ Los aceites esenciales son otra forma *hygge* de personalizar tu casa. Se trata de otro tipo de «manualidad» que requiere una mínima habilidad y solo unos pocos materiales. Puedes crear tus propios aromas y difusores para colocarlos estratégicamente por toda la casa.

✓ Y hablando de olores, hay numerosas ideas astutas para decorar y aromatizar tu casa, como secar hierbas o flores para usarlas en bolsitas para armarios o cajones.

✓ Recuerda: las tazas, la vajilla u otros artículos de la casa se pueden hacer en casa y también se pueden personalizar. Hay talleres en muchos lugares que ofrecen instrucción en alfarería y vidrio para aficionados, así como en carpintería y metalurgia. Algunas de ellas son bastante avanzadas, pero también hay una serie de proyectos para principiantes.

✓ Los proyectos de cocina son otro tipo de artesanía *hygge*. Aquellos que van más allá de la tarea diaria de preparar comidas familiares están especialmente en sintonía con la noción de que lo hecho en casa es mejor y genera un mayor espíritu de generosidad, además de un cálido sentimiento de felicidad. Este sentimiento es tanto para los que dan, como para los que reciben. Algunos proyectos potenciales e ideas específicas a considerar son los siguientes:

    o Enlatado: esta es una manualidad *hygge* ideal si tienes un jardín abundante. No solo es una forma de preservar la cosecha, al minimizar el desperdicio y maximizar la frugalidad, sino también es una forma de convertir un exceso de productos en un maravilloso regalo para las fiestas. Piensa en conservas, mermeladas, encurtidos y salsas. El enlatado es un arte perdido entre la mayoría de los cocineros caseros y una forma casi infalible de preservar tu cosecha durante meses, incluso años, por venir. Los supermercados han facilitado la obtención de cualquier producto en cualquier época del año que se desee. Aunque no hay nada inherentemente malo con esto, es ciertamente más económico y ambientalmente sano cultivar tu propia comida y preservarla. El enlatado es una forma tradicional de hacer eso.

o Congelación: si no tienes el tiempo o el espacio para el equipo necesario para enlatar, puedes darle un buen uso a tu congelador. Aunque esta puede no ser la forma ideal de planificar la futura entrega de regalos, es sin duda un hermoso regalo para ti y para tu familia, ya que descongelar una bolsa de salsa de tomate casera a mediados de febrero es como destapar un rayo de sol. Si quieres hacerlo de una manera aún más simple que la salsa, simplemente asa algunos de tus abundantes tomates durante unos minutos en un horno caliente, luego quítales la piel y métclos en una bolsa para congelar, cuidadosamente etiquetada. Luego, durante la

o temporada de pocas cosechas, puedes sacarlos y usarlos como quieras. Otros buenos candidatos para la congelación son las abundantes verduras de tu jardín o del mercado local de agricultores que pueden escaldarse rápidamente, congelarse y guardarse en bolsas de congelación para el invierno: piensa en judías verdes, guisantes, espárragos, brócoli o coliflor. Una vez más, esta es una manera de darse el gusto de cuidarse a sí mismo durante la temporada de pocas cosechas.

o La deshidratación es otra forma de preservar los productos de primavera y de verano, además de tener el beneficio secundario de crear maneras astutas de perfumar o de decorar tu hogar. Por ejemplo, si terminas con un exceso de hierbas, deshidratarlas para su uso en el futuro es una de las mejores maneras de usarlas, además de añadirlas a una bolsita o a un difusor de aromas. Además, si tienes un exceso de pimientos, puedes colgarlos en una ristra (o corona) para secarlos. No solo se pueden usar en guisos, sopas o salsas (o molerlos para condimentarlos), sino que también quedan muy bien en la cocina.

o Encurtidos: una tradición antigua de los cocineros caseros de todo el mundo, los encurtidos caseros son unos regalos encantadores y unos proyectos económicos. Los alimentos fermentados han vuelto en los últimos años, ya que el creciente consenso sugiere que los fermentos activos (o los probióticos) en los alimentos fermentados de forma natural son notablemente buenos para nuestra salud en general, especialmente para mantener un sistema digestivo saludable. Los encurtidos que se compran en el supermercado se suelen tratar térmicamente de alguna manera o se encurten con vinagre y no con fermentación; ambos métodos matan eficazmente cualquier microorganismo activo. Las verduras de fermentación natural o «encurtidas» hechas en casa contienen una gran cantidad de buenos probióticos si se controlan cuidadosamente y tienen un sabor superior al de los alimentos producidos en masa.

o Hay otras formas de usar la cocina como centro de manualidades: elaborar aceites perfumados o vinagre para uso propio o para regalo es una bonita forma de personalizar un aceite neutro. Usa cáscaras de cítricos, hierbas, ajo y especias como inspiración. El vinagre es un medio especialmente bueno para infundir esencias de hierbas, ya que el vinagre de estragón es un condimento tradicional en toda Europa. No hay que olvidar tampoco los potentes poderes del alcohol: destilar licores en casa no es factible, por supuesto, pero hacer una infusión de alcohol neutro (normalmente vodka) con varios sabores es un regalo festivo. Los aromas creados con vainas de vainilla, las cáscaras de cítricos o los granos de pimienta son excelentes candidatos para un regalo de invierno. También puedes elaborar tus propios licores con varios sabores, algo de alcohol y un poco de azúcar. El limoncello casero es fácil de preparar, al igual que el licor de canela o de café. Prepara un gran recipiente de vino caliente y guárdalo en botellas con etiquetas especializadas para repartir a los invitados durante las fiestas. La cocina es un lugar ideal para perfeccionar tus habilidades de artesanía *hygge*.

✓ Por último, nos convendría recordar que el espíritu del *hygge* nos sugiere que nos deleitemos en lo cotidiano, en las cosas sencillas, de modo que las tareas muy mundanas de las que nuestras vidas están llenas nos den motivo de alegría y una pausa para la gratitud. En ese sentido, limpiar, cuidar de los seres queridos, lavar la ropa o segar la tierra, son oficios de amor cotidiano y de felicidad reconfortante.

Conclusión

El arte del *hygge* es simple: sumérgete en el calor y la comodidad de tu casa bellamente iluminada y naturalmente decorada con buenos amigos, una comida abundante y una conversación feliz. Ve en bicicleta a la cafetería local para tomar café y para disfrutar del *fika*. Date el gusto de un sereno autocuidado, acurrucado en tu acogedor rincón con un buen libro y una bebida caliente. El *hygge* trata de fomentar un sentido de la felicidad y el bienestar general a largo plazo; el consumo material y el esfuerzo ambicioso son distracciones efímeras que no nos llevan a la felicidad, sino a la prisa. El *hygge* nos brinda la oportunidad de dar un paso atrás en nuestras vidas demasiado ocupadas y en su lugar, empezar a valorar las pequeñas alegrías diarias de las que estamos rodeados. Esta forma de ver el mundo nos anima a estar presentes en nuestras propias vidas.

Desde el punto de vista filosófico, el *hygge* es una forma de comodidad y calidez, preferiblemente en el espíritu de la comunidad y la familia. En la práctica, el *hygge* se trata de diseñar un estilo de vida simple, sereno, cálido y feliz.

Con todos los consejos prácticos e ideas que has descubierto a lo largo de este libro, deberías ser capaz de idear un estilo de vida *hygge* que te reconforte y te permita ser feliz. Desde el ambiente dentro de tu casa hasta la ropa que elijas usar, puedes abarcar todos los aspectos del *hygge*. Enciende el fuego, prepara un guiso de cocción lenta, prepara una bebida caliente y relajante, ¡y asegúrate de invitar a algunos amigos! El *hygge* es más que una simple moda o una palabra difícil de pronunciar; es una forma de vida inmensamente satisfactoria que se ha convertido en la felicidad de millones de personas. Ahora tú también puedes ser una de estas personas.

Segunda Parte: Lagom

Lo que necesita saber sobre el arte sueco de vivir una vida equilibrada

Introducción

En los siguientes capítulos se discutirá el secreto sueco para una vida feliz y satisfactoria. Puede que vaya en contra de mucho de lo que valoramos y a lo que estamos acostumbrados en nuestra cultura americana, pero con tanta gente buscando algo más, algo que ayude a conseguir más felicidad, podría ser justo lo que está buscando.

En esta guía, vamos a pasar un tiempo revisando el estilo de vida sueco de lagom (se pronuncia "lah-gome"). Esta es una palabra que significa "lo suficiente". Usted no quiere tener demasiado de algo, pero tampoco quiere no llegar al extremo de no poder disfrutar de la vida. Con lagom, no hay extremos, obtenemos lo justo de todo lo que queremos o necesitamos, y esto nos lleva a una vida más feliz y saludable que nunca.

Vamos a empezar esta guía viendo de qué se trata el lagom, y cómo se supone que funciona. Veremos cómo puede añadir "lo suficiente" a su día y a su vida, y aun así obtener mucha más felicidad de la que jamás hubiera imaginado en el pasado. También pasaremos algún tiempo viendo los beneficios que vienen con el lagom y por qué tanta gente también está decidiendo adoptar el estilo de vida sueco en sus propias vidas.

Una vez que entendamos mejor cómo funciona el lagom y por qué es tan beneficioso, es el momento de profundizar y ver algunas de las diferentes maneras en que puede añadirlo a su propia vida. El lagom puede añadirse a cada parte de su vida, aunque esto puede parecer un poco abrumador para algunas personas (simplemente zambulléndose), especialmente si están acostumbrados al estilo de vida consumista americano.

Por lo tanto, está muy bien empezar con el lagom lentamente. Puede añadirlo en uno o dos aspectos de su vida y notar una gran mejora. Cuando esté listo, y vea todos los grandes beneficios, puede añadirlo fácilmente a otros aspectos de su vida. A lo largo del camino, esta guía le proporcionará la información que necesita para añadir Lagom realmente a áreas como su hogar, su trabajo, sus relaciones, su comida, su ropa, e incluso su estilo de paternidad.

Cuando esté listo para aprender más sobre la filosofía sueca de lagom, y esté listo para simplificar su vida y añadir más felicidad, asegúrese de continuar la lectura de esta guía y aprender más sobre cómo empezar.

Capítulo 1: ¿Qué es Lagom?

Hay muchos tipos diferentes de estilos de vida que se fomentan en todo el mundo. Y la gente, en diferentes países y con diferentes antecedentes, puede llevar la vida a un ritmo diferente al del resto de nosotros. Aunque parece que los estadounidenses se mueven cada vez más rápido cada día, sintiéndose agotados y como si hubieran perdido amistades y otras cosas importantes, verá que muchos países, e incluso muchas personas dentro de este país, han decidido también hacer un cambio.

Para empezar, necesitamos explorar las ideas detrás del minimalismo. El minimalismo, que es básicamente el arte de tener menos, es una gran tendencia que se ha abierto camino en muchos aspectos diferentes de nuestras vidas, incluyendo nuestro hogar, nuestro trabajo, la comida, la ropa y mucho más. Encontramos que podemos preparar comidas con menos e ingredientes más básicos porque ahorra tiempo y dinero. Aprendemos a reducir lo que hay en nuestros armarios para ayudar a tomar decisiones más fáciles y reducir la huella que dejamos en el planeta. Dejamos de comprar tantas cosas que no necesitamos para que nuestros hogares no se sientan tan abarrotados a largo plazo.

La mayoría de nosotros entendemos de qué se trata el minimalismo y cómo debe funcionar. Si bien consumir menos nos hará sentir menos endeudados con un artículo, también necesitamos explorar más sobre este tema. En especial, necesitamos ver lo que el minimalismo significa para otras personas, o lo que el lagom significa para otros países.

Esto nos lleva a nuestra discusión sobre el lagom. El lagom va a ser el arte sueco de la vida equilibrada. Podemos traducir esta palabra en "ni muy poco, ni demasiado, lo suficiente". Esto puede sonar confuso, pero es una buena manera de ayudarnos a mantenernos ocupados y no ser perezosos, sin tener que asumir demasiado en nuestra vida laboral, nuestra vida hogareña, y en todos los demás aspectos que nos rodean a diario.

Como alguien que ya es minimalista (o que al menos está pensando en serlo), es importante hacer siempre una evaluación de lo que le rodea para ver con cuánto menos puede vivir y aun así estar cómodo, e incluso ver sin qué puede vivir o cómo puede vivir con menos. La pregunta aquí es: ¿Qué pasa si el problema que enfrentamos no es continuar eliminando o acumulando? ¿Qué pasa si se trata más bien de encontrar el equilibrio perfecto para nuestro estilo de vida sin tener que causar una falta o un exceso en el proceso?

La idea detrás del lagom no es querer intentar alcanzar la perfección. Más bien, se trata de encontrar una solución simple y alcanzable para las preocupaciones diarias por las que pasa. Esto podría incluir cosas como asegurarse de tener suficiente tiempo libre, comer mejor, reducir la cantidad de estrés que tiene, e incluso lograr mayor felicidad. Nos ayudará a aprender a equilibrar el trabajo y la vida para que podamos manejarlo todo y que todos existan en armonía entre sí.

Esto parece una solución bastante práctica y que vale la pena para nuestro ocupado mundo, ¿verdad? Hay un montón de cosas diferentes que se pueden hacer con esta elección de estilo de vida, y vamos a explorar algunas de ellas a lo largo de esta guía. Aprenderá más sobre lo que es lagom y por qué es una buena opción. Las sugerencias hechas en este libro cambian de varias maneras para asegurar que funcione un su propio estilo de vida.

De acuerdo con Linnea Dunne, la autora de Lagom: *El Arte Sueco de la Vida Equilibrada*, algunas de las diferentes cosas que usted puede hacer para asegurarse de vivir este tipo de estilo de vida incluyen trabajar con ropa ética, comer localmente, tratar de cultivar algunos de sus propios alimentos, tomar más descansos a lo largo del día para sentirse descansado, y otros consejos.

Lo que hay que recordar cuando se trabaja con el lagom es que va a haber cambios en nuestros días y a veces, no importa cuánto lo intentemos, no vamos a ser capaces de encajar en todas partes. Esto es parte de la belleza de vivir el lagom: si no puede marcar todo en la lista cada día, no es gran cosa. Solo mantenga el alboroto fuera de toda la situación y haga que su día sea tan satisfactorio y relajante como pueda.

Con lagom, necesita asegurarse de que su objetivo es tener un estilo de vida sin complicaciones. Esto significa que tenemos que aprender a encontrar satisfacción y placer en las cosas que ya tenemos, incluso si lo que tenemos no es perfecto. Además, asegúrese de que su objetivo sea comprender cómo todas las cosas que hacemos juegan un papel importante en la forma en que vamos a vivir una vida menos destructiva, y más sostenible, en esta tierra.

No todos los que deciden abrazar la idea del lagom quieren ser capaces de adoptarla diariamente, haciéndolo todo el tiempo. Es fácil admitir que ir con un estilo de vida libre de todo el estrés y alboroto probablemente suena bastante ideal. En una cultura en la que el exceso de indulgencia va a ser la norma y se le desprecia si no es capaz de mantener el ritmo de los vecinos, es agradable pensar que hay muchos otros métodos en los que puede confiar. Lagom le muestra cómo sentarse y relajarse, vivir con menos cosas, y realmente disfrutar de la vida que está viviendo ahora.

Cuando se oye hablar de este término por primera vez, se puede suponer que es lo mismo que el popular "hygge" que estaba disponible hace unos años. Era casi imposible salir a cualquier lugar o incluso entrar en una librería sin ver un montón de información sobre la palabra noruega y danesa que significa calidez. Habrá algunas similitudes entre las dos ideas; esperemos que pueda ver a través de esta guía que la ideología del lagom es un poco diferente.

Aunque este término parece similar, hay algunas diferencias clave. En primer lugar, hygge se trata sobre la comodidad y el confort, y lagom es más sobre "la cantidad justa". La idea básica que viene con esta filosofía de vida es que necesitamos encontrar un buen equilibrio armonioso y la cantidad adecuada de felicidad. El objetivo es no tener demasiado, pero tampoco tener demasiado poco en su vida.

En la superficie, hygge es más acerca de tomar tiempo libre y asegurarse de que siempre se sienta seguro y cómodo. Por supuesto, aunque estas dos ideas van a ser un poco diferentes, podemos ver cómo ambas van a ser capaces de complementarse bien, y si ya ha implementado las ideas de hygge en su vida, o busca conseguir felicidad, comodidad y menos estrés en todos los aspectos de su vida, entonces la combinación de ambas puede ser la respuesta correcta para usted.

También pasaremos algún tiempo revisando la historia que viene con el lagom. Los suecos creen que la mejor manera de que alguien viva una vida feliz, debe seguir los preceptos del lagom. No se prive de nada, pero también asegúrese de no exagerar las cosas. La moderación es la clave aquí, y es la mejor manera de crear una vida equilibrada y satisfactoria.

De hecho, esta idea está tan adoctrinada en la cultura de Suecia que es visible en todos los diferentes aspectos de su vida, desde su vida laboral hasta sus hogares, e incluso usted puede encontrar esta idea en su sistema político. Todos en esta cultura deben tener suficiente, pero no demasiado, ese es el principio esencial con el que la gente de Suecia se adhiere, y termina funcionando muy bien para ellos y sus niveles de felicidad.

Lagom es único en el sentido de que logra un buen equilibrio entre el hygge y el minimalismo. No necesita calentarse con montones de mantas acogedoras o quemar la casa con todas sus velas perfumadas. De la misma manera, no necesita sentir que solo puede tener una cuchara, tirando todas las demás cosas que tiene. Aquí es donde lagom va a ser la mejor opción porque le permite llegar a un punto medio de estas dos ideas de estilo de vida.

Este es un tipo de estilo de vida que funciona tan bien porque va a ayudar a introducirse en todas las áreas de su vida, y no solo en una o dos. Tener un buen equilibrio entre el trabajo y la vida, tener el número justo de posesiones, ser capaz de reducir la cantidad de estrés que tiene, y mantener una cantidad saludable de frugalidad son todos esenciales. Incluso puede llegar hasta el punto de comer la cantidad adecuada de comida a la hora de comer y elegir la ropa adecuada.

Con algunas de estas ideas en mente, es hora de que aprendamos algunos de los métodos sencillos que puede usar para ayudar a mejorar su vida y asegurarse de que usará las ideas de lagom un poco mejor. Algunas de las formas en las que puede trabajar para añadir un poco más de lagom en su vida incluyen lo siguiente:

Adoptar lo que se conoce como "Morgondopp"

Lo primero que tenemos que explorar cuando se quiere añadir más de lagom en su estilo de vida es adoptar el "morgondopp". Piense en el paisaje que viene con Suecia. Ha sido bendecida con más de 7000 millas de costa y al menos 100.000 lagos. Debido a toda esta agua y a la línea costera que está cerca, no es de extrañar que a los suecos les guste bañarse. Uno de estos tipos de baño va a sobresalir del resto, y es el morgondopp, o el baño matutino.

Este proceso es algo que los suecos disfrutan a menudo entre mayo y septiembre, cuando hace más calor, pero hay algunos que lo harán durante todo el año. Este tipo de baño se disfruta a primera hora de la mañana antes de tomar la primera taza de café. El bañista se pone una bata, y luego baja a la cubierta de baño local.

El tiempo que decida permanecer en el agua dependerá de la temperatura. Mucha gente comenzará cuando el agua alcance los 10ºC. Entonces saltarán y dejarán que el agua los despierte y los prepare para el día. ¡Puede ser una experiencia gratificante, y va a ser relajante sentir la brisa fresca y el sol caliente en su cuerpo cuando haya terminado con ese baño matutino!

Entonces, ¿qué se supone que debe hacer si no vive en ningún lugar cerca de un lago, arroyo, río o mar? Un buen lugar para empezar esto es terminar la ducha diaria que toma con una ráfaga de agua fría. Puede que no le dé la misma sensación que un baño de agua salada, pero aun así también obtendrá muchos de los beneficios fisiológicos. Aunque solo sea eso, ¡ayudará a despertarle con una buena sacudida!

Atrévase a ir solo

A veces, cuando se practica el lagom, está bien hacer algunas cosas por su cuenta. Esto suena extraño para muchas culturas que están fuera de Suecia. Sentimos que siempre necesitamos estar rodeados de otras personas y que, si estamos haciendo algo solos, entonces no le agradamos a nadie, o tal vez hay algo más que está mal. Con lagom, a veces está bien salir a explorar el mundo y hacer cosas por su cuenta, sin tener un montón de otras personas alrededor.

Considere la posibilidad de probar algo pequeño para ayudarle a empezar. No tiene que volverse loco y asumir que la única manera de tener éxito aquí es salir durante semanas a acampar y explorar la naturaleza. Si esto es algo que le atrae, adelante y hágalo. Pero en general, no tiene que llevar las cosas a este tipo de extremo. Para aquellos acostumbrados a estar cerca de otros todo el tiempo, tal vez salir a dar un pequeño paseo en la naturaleza por su casa, por su cuenta, puede ser un buen lugar para empezar.

Trabaje en su propio vestuario cápsula

Otra idea de la que hablaremos con más detalle a medida que avance esta guía, y en otro capítulo, es la idea del vestuario cápsula. Hablando en términos generales, el vestuario que se encuentra en el sueco promedio se compara con lo que sería un vestuario cápsula. Este sería un armario minimalista y muy práctico que fue creado eliminando cualquier ropa no usada y no deseada, y reemplazándola con un número limitado de prendas queridas y muy versátiles que se pueden mezclar, combinar y usar juntas si se quiere.

Hay varios beneficios en esto. Ahorra dinero en la compra de ropa todo el tiempo. Además, facilita la elección de un traje por la mañana, o en cualquier otro momento, quitando parte del estrés de la mañana. Además, le ayuda a gastar menos tiempo y energía en cosas como las compras y la lavandería. Es más económico, y aquellos que decidan ir por ese camino a menudo se sentirán mucho más felices a largo plazo.

Tome suficientes descansos en su día

El tiempo sueco de fika-paus es un descanso con un poco de café y a veces un poco de golosinas. Podría ser una especie de reporte informal con un colega que fue impulsado por algo como "¿Nos encontramos a las 10 a. m. y tomamos un café?". Alternativamente, podría ser algo un poco más formal, un evento que se programó en el calendario con mucha antelación para que todos se reunieran. Ya sea algo más formal o informal, va a incluir tomarse un tiempo para "apagarse" y tomar un respiro, aunque sea solo por unos minutos.

En nuestra cultura moderna, es fácil sentirse culpable cuando vamos a tomar un descanso, y cuando tratamos de relajarnos de todo el trabajo duro que hacemos. Pero en realidad es algo que es bueno para usted y puede hacerle más productivo. Un estudio realizado en la Escuela de Negocios Hankamer de la Universidad de Baylor encontró que aquellos que tomaban más descansos cuando estaban en el trabajo reportaron que tenían más energía, que podían concentrarse más, que tenían más motivación y que era menos probable que reportaran sobre algunos de los efectos secundarios negativos como el dolor de espalda baja y los dolores de cabeza.

Lo que es interesante aquí es que los efectos positivos que vienen con estos descansos van a disminuir a medida que se trabaje entre los descansos. Por eso es que tomar algunos descansos cortos y regulares es la clave para ver el éxito. De hecho, si quiere practicar algo de lagom, debe seguir una especie de regla de 52 - 17 minutos.

Un estudio reciente apoyó esta idea, encontrando que aquellos que eran más productivos trabajaban durante 52 minutos, y luego tenían un descanso de 17 minutos. Aunque esto no es algo que muchos trabajos van a permitir, vale la pena que pensemos en la frecuencia de nuestros descansos e intentemos tomar algunos tan a menudo como podamos entre nuestro trabajo.

Esto no significa que deba ir a hablar con alguien cada vez y tener una larga conversación. Si es más introvertido y la idea de salir a buscar a alguien con quien hablar diez veces al día parece desalentadora, entonces no se preocupe. Incluso puede funcionar igual de bien tener algo de tiempo a solas y permitirse un descanso por su cuenta, y además le proporcionará el mismo tipo de beneficios.

Aprenda a escuchar más

Si alguna vez conversa con alguien de Suecia, se dará cuenta de que no van a perder el tiempo interrumpiendo o hablando por encima de otra persona. Mantienen sus voces en un tono uniforme, y es aceptable hacer algunas pausas en la conversación si es necesario. Para aquellos en la cultura americana y otras culturas, esto puede parecer incómodo. Culturalmente, estamos tan preocupados por un hueco en la conversación que vamos a saltar demasiado pronto, a menudo tratando de hablar antes de que la otra persona complete su frase.

Pero en el lagom, la idea es detenerse y escuchar realmente a otra persona. Esto ayuda a ralentizar el discurso y permite a ambas partes sentir realmente que están siendo escuchados. Es difícil seguir una conversación con pausas; puede hacernos sentir incómodos, y a veces hace que la conversación parezca poco natural. Se nos ha dicho que esta es la forma en que se supone que debemos comportarnos y que la conversación tiene que seguir adelante.

Es aceptable si la conversación fluye hacia adelante y hacia atrás sin detenerse; ¡tratar de forzar esto, sin escuchar realmente lo que dice la otra persona, puede ser muy malo para la reunión! Permitir algunas pausas, permitiendo a ambas partes escuchar y procesar lo que la otra persona está diciendo, es muy importante. Después de todo, el punto es que ambas partes entiendan realmente de qué se trata la conversación.

Realice actos de bondad

Como todos los demás temas que hemos discutido con lagom, difundir la felicidad es algo que se puede hacer fácilmente, sin tener que implicar una gran cantidad de grandes gestos. A veces un pequeño y ordinario acto será suficiente y significará más cuando inspire a alguien a sonreír en su día.

Aunque piense que ya es una persona muy cariñosa, a veces un amable recordatorio de pensar en los demás y de recordar que hay que hacer algo amable por ellos puede ayudar mucho. Además, coger a otra persona desprevenida con un poco de amabilidad que no esperaba puede ser uno de los gestos más conmovedores de todos. Algunas de las diferentes ideas que puede pensar en usar para sacar el máximo provecho de estos actos de amabilidad aleatorios pueden incluir:

1. Deje una pequeña nota en uno de los libros que está leyendo en la biblioteca para alegrarle el día a alguien.

2. Decida dar diez cumplidos a varias personas a lo largo del día, que sean sinceros y genuinos.

3. Escriba una nota de agradecimiento a la industria de servicios públicos, como una enfermera, bomberos o la policía.

4. Escriba una carta a un pariente o amigo con el que no haya estado en contacto durante mucho tiempo.

5. Lleve un paraguas extra o algo similar, para dárselo a un amigo cuando lo necesite.

Vivir una vida llena de lagom le ayudará a mejorar su vida diaria y su felicidad. Como puede ver en esta guía, es mucho más fácil de lograr de lo que pensaba originalmente. Tomar descansos, pensar en los demás, detenerse a escuchar en lugar de reaccionar, y disfrutar de la vida en lugar de comprar cosas y tener que trabajar para pagarlas, puede ser muy liberador para su vida en general.

Capítulo 2: Los beneficios del lagom y por qué debería buscarlo ¡AHORA!

Habrá muchos grandes beneficios que podría recibir cuando decida implementar algunas de las ideas del sistema lagom en su propia vida. Es por eso que tanta gente ha elegido añadir este tipo de ideología a sus propias vidas, asegurándose de alcanzar la felicidad y luego continúan teniendo una buena vida. Está en claro contraste con lo que solemos ver cuando vemos nuestro mundo moderno, donde se nos anima a correr a una velocidad vertiginosa y seguir comprando cosas a diestra y siniestra. Con el lagom, aprendemos lo que es suficiente, pero no demasiado, y puede llevarnos a mucha más felicidad que nunca antes. Con esto en mente, veamos algunos de los beneficios que cosechará cuando decida implementar algo de lagom - aunque no sea a tiempo completo - en su vida:

Puede alejarse de los extremos

En nuestra cultura moderna, parece que vamos y venimos entre los extremos. Vamos con la dieta o con los atracones. Pasamos el tiempo haciendo ejercicios diarios o viendo maratones en Netflix.

Estos extremos nos van a hacer sentir realmente infelices y exhaustos, y es difícil saber qué camino tomar. Pero el objetivo con el lagom es encontrar un buen intermedio, el intermedio de *lo suficiente*. Lo suficiente para jugar y trabajar. Una dieta saludable con un buen postre para disfrutar cuando la cena termina. Ver un poco de televisión y luego un buen ejercicio durante el día.

El equilibrio, en lugar de quitarlo todo y privarnos, es el ingrediente esencial que debemos esforzarnos en recordar diariamente con lagom. Si pasamos toda nuestra vida tratando de privarnos de las cosas que debemos y necesitamos hacer, o de las cosas que disfrutamos, vamos a terminar quemados. Después del agotamiento, es fácil ir en la otra dirección, girando hacia el otro lado del péndulo; esto tampoco es bueno para nosotros.

La mejor manera de describir lo que es el lagom, en pocas palabras, es que es la zona gris más feliz de la historia. Esta es una bonita zona gris en la que se va a sentir realizado haciendo suficiente ejercicio, comiendo suficiente, durmiendo suficiente, y saliendo y aventurándose lo suficiente. La glotonería no es lo mejor para nosotros, pero esto tampoco significa que tengamos que morirnos de hambre. Hacer ejercicio todo el tiempo es duro para la mente y el cuerpo, pero sentarse y no moverse en absoluto tampoco es bueno para nuestros cuerpos. La zona gris nos permite tener lo suficiente de ambos para ser felices.

Usted va a ser más feliz

La felicidad solo puede comenzar cuando ha tenido la oportunidad de que atender esas necesidades básicas, y va a terminar con el amor y la gratitud de lo que es y en lo que se está convirtiendo su vida. Cuando empiece a añadir algunos de los principios del lagom a su vida, verá la importancia de asegurarse de que los excesos desaparezcan, dejando espacio para más cosas que se quieren y se necesitan. Cuando las cosas estén bien, lo cual se fomenta con los fundamentos y el proceso del lagom, se va a sentir bien.

Nuestro objetivo aquí es no aspirar a la alegría vertiginosa o exagerada que comienza ardiendo brillantemente y luego termina esfumándose rápidamente como un fuego que se inicia con la gasolina sin nada que lo sostenga. En vez de eso, estamos apuntando a alcanzar una profunda cantidad de satisfacción y la alegría que puede durar toda la vida. Lagom le ayudará a alcanzar esta felicidad duradera, en lugar de la alegría rápida que se va a ir en poco tiempo. Lagom le ayudará a aprender a construir una buena vida, en lugar de una vida que parece vacía y que le tiene buscando el siguiente nivel.

¿Cuántas veces ha pasado por la vida y ha descubierto que pensaba que una cosa u otra le harían más feliz, pero después de la felicidad inicial, descubrió que no era suficiente para usted? Los ciclos de decepción, golpeándole una y otra vez. Sin embargo, cuando trabaja con lagom, se va a centrar más en un tipo de satisfacción, y esto va a asegurar que pueda aumentar sus niveles de felicidad. Además, ¿quién no querría aumentar la cantidad de felicidad en su vida?

Usted se volverá más saludable

Vivir en exceso o en privación nunca se considera una forma saludable de vida. Su mente y su cuerpo no funcionarán tan bien cuando se trata de cualquier extremo a largo plazo. Practicando el lagom, va a ayudar a mantener algo de su estabilidad interna y asegurará que la mente y el cuerpo se mantengan en homeostasis.

Con el lagom, va a aprender a hacer más cosas saludables que necesita con equilibrio. Aprenderá cómo alcanzar la cantidad correcta de ejercicio, en lugar de hacer demasiado y desgastarse, o demasiado poco, saltándose por completo los beneficios de salud del ejercicio. Es posible tener demasiado de ambos, por lo que aprender a equilibrarlos puede ser muy importante.

Otro beneficio para la salud con lagom es la mejora de la salud mental. Cuando usted aplica este tipo de moderación a su vida, sus emociones y su cerebro no van a luchar el uno contra el otro, y no se sentirán tan en flujo como antes. La ansiedad a menudo será causada por el individuo que se siente demasiado abrumado de forma regular. El estrés se elimina fácilmente cuando se añade un poco más de moderación a su vida, y casi todas las partes de su cuerpo y su mente pueden mejorar cuando se reducen sus niveles de estrés.

El hecho de poder aplicar los principios del lagom a su vida puede ser útil porque le facilitará la vida. Le permite tener el permiso necesario para descansar cuando lo necesite y también saber cuándo es el momento de trabajar y hacer las cosas.

El lagom es una parte de ser consciente

Cuando somos capaces de aprender a ser más conscientes, estamos aprendiendo a ser más conscientes de las cosas que nos rodean. Es realmente tan simple como eso. Para tener el tipo de moderación que es necesaria para trabajar con el lagom, necesitamos ser conscientes.

Piense en algunas de las siguientes preguntas. ¿Con qué frecuencia se levanta para comer un bocadillo y luego vuelve al sofá para ver otro episodio de su programa favorito, solo para descubrir que se ha comido toda la bolsa? Bueno, aunque esto es algo que todos hemos hecho en algún momento de nuestras vidas, ¡y ciertamente no es de lo que hablamos cuando se trata de moderación! Cuando nos comportamos de esta manera -comiendo demasiadas patatas fritas, galletas o algún otro tipo de snack poco saludable- solo nos molesta el estómago, interrumpe nuestra dieta habitual, y nos deja sintiéndonos avergonzados y derrotados.

Cuando consideramos los principios del lagom, vamos a aprender a añadir un poco más de moderación a nuestras vidas. Con moderación, va a estar más atento. Este es un ciclo complicado para aprender a hacer las cosas bien, pero realmente puede ayudarle a reducir la cantidad de estrés en su vida, mejorar su cantidad de felicidad, y hacerle sentir que usted ha sido capaz de nivelar su vida un poco.

Por supuesto, no estamos hablando solo de moderación y atención cuando se trata de la comida. Queremos que esto también se extienda a todas las áreas de nuestras vidas. Necesita aprender a ser más moderado en su ingesta de redes sociales, su trabajo, sus relaciones, con los niveles de actividad que tiene, y más. Lleva algún tiempo añadir esto a todas las cosas que quiere mejorar en su vida, pero empezar con solo un área de su vida a la vez e intentar mejorar tanto como pueda, paso a paso, puede *marcar la diferencia*.

Hay muchas maneras diferentes de añadir más atención en su vida, y no faltan diversas técnicas que serán capaces de llegar a esta atención. De todos los métodos y formas de alcanzar un estado de lagom en su vida, encontrará que una de las mejores formas es alcanzar ese estado de moderación y felicidad está en esta guía: mindfulness.

La atención plena (mindfulness) no solo reduce parte del mal estrés que hay en su vida, sino que también le ayuda a apreciar más algunas de las pequeñas cosas que ya disfruta regularmente. Demasiadas veces, estamos sobrecargados de trabajo y demasiado ocupados corriendo de un lugar a otro, sin ninguna interrupción entre tareas, molestándonos porque el tiempo pasa demasiado rápido. Con la idea de lagom de la vida -aprender a ralentizarla un poco y disfrutar de nuestras vidas siendo más conscientes- podemos realmente ver y apreciar algunas de las pequeñas cosas que están ahí también.

Puede haber mucha realización en "suficiente"

Vivimos en una cultura que trata de conseguir más y tener más. Creemos que necesitamos tener esta y esa cosa. Nos endeudamos para mantenernos igual que los vecinos y para tener lo mejor y lo más de todo. Esto nunca nos hace sentir bien por mucho tiempo; nos vamos a sentir abrumados y cansados y tendremos que trabajar más para pagar las cosas que ya no necesitamos o incluso con las que buscamos la felicidad. Esta es la idea exacta en la que Lagom trabaja para arreglar nuestras vidas.

Para ver esto desde otro ángulo, necesitamos ser capaces de ver de qué se trata realmente el lagom. El lagom es parcialmente sobre la realización. Vivir una vida plena no se trata de tener lo máximo en todos, ni tampoco de tener lo mínimo. La realización es realmente solo encontrar las cosas en la vida que van a ayudar a encender un fuego en su alma y vivir de una manera que continuará ayudando a alimentar ese fuego.

Además, no queremos que ese fuego esté por aquí durante un corto período de tiempo y luego desaparezca. Queremos asegurarnos de poder tomar ese fuego y mantenerlo sano y fuerte. Para ello, necesitamos ser capaces de encontrar un buen equilibrio entre lo que se pone en ese fuego para mantenerlo ardiendo. Lagom es la solución perfecta para ayudar a mantener el fuego y le ayudará a llegar allí con menos tiempo y menos dificultad a largo plazo.

Esto puede ser un desafío cuando trabajamos con el estilo de vida americano moderno. Los estadounidenses parecen estar a favor de un mayor consumo, de tener más y de ir siempre a por más. Sin embargo, este "más" no es lo que nos hace felices en absoluto. De hecho, nos está haciendo miserables, haciendo muy difícil que nos relajemos, que tengamos tiempo libre, o incluso que encontremos tiempo para pasar el rato con nuestros amigos y otros seres queridos en nuestras vidas.

Una cosa agradable a considerar: el lagom y la forma en que abarca el estilo de vida sueco podría ser la única cosa que lo tiene todo resuelto. Puede ayudar a encontrar el equilibrio entre el uso de nuestras energías, sin llegar a los extremos en ninguno de los dos lados. La vida con moderación es una de las mejores formas de vivir para cualquiera, sin importar dónde viva, qué haga o cuáles sean sus intereses. Entre los beneficios que vienen con su salud física y mental, además de los cambios de mentalidad que se van a crear por vivir una existencia más simple y más moderada, lagom va a ser justo lo adecuado para su vida.

Con la creencia en Suecia de que todo el mundo debería tener suficiente, pero no demasiado, esta podría ser una de las mayores razones por las que Suecia, en lugar de Estados Unidos, es considerada sistemáticamente como uno de los más felices y mejores lugares para vivir. Y es sobre todo a partir de este principio que ya hemos estado discutiendo en esta guía. Aunque puede ser difícil empezar con moderación al principio (especialmente en la sociedad consumista que es tan popular ahora), veremos que hacer estos cambios y cambiar nuestra forma de pensar puede ser el truco que necesitamos para vivir una vida mucho mejor, una que sea más feliz, mejor y que valga más la pena vivir.

Lagom puede ser un proceso que parece algo extraño y nuevo para muchos de nosotros que no somos del país sueco, pero puede ser exactamente lo que muchos de nosotros vamos a buscar para mejorar nuestras vidas y encontrar más felicidad en general. Puede que se necesite un cambio en la mentalidad y en la forma de vivir, pero no es tan drástico ni cambiante como algunos de los otros tipos de opciones que se puede elegir. Ese es uno de los mejores resultados que surgen de la implementación de lagom en su vida.

Capítulo 3: Añadiendo Lagom en su vida hogareña

El primer lugar en el que vamos a ver para ayudarle a asegurar que el lagom se añada a su vida es en su casa. Pasa una buena parte de su tiempo en su casa. Duerme allí, disfruta del tiempo con su familia, come y cocina allí, se tomas un tiempo de paz, se divierte, y se siente seguro y cómodo mientras está en esa zona. Tiene sentido que quiera pasar algún tiempo añadiendo más tiempo a su vida y que quiera empezar con este proceso en su propia casa.

Hay algunos pasos diferentes que puede empezar a dar para añadir algunos principios de lagom más en su propia casa. Por supuesto, tenemos que asegurarnos de que vamos con "lo suficiente" como idea, y esto puede caer en su decoración, e incluso el estilo que está presente en su casa. Recuerde que cada persona es diferente, y este estilo de vida no le va a pedir que se conforme con algo que le hace actuar como todos los demás. Cada persona que adopte el lagom va a encontrar que este puede proporcionarle un buen equilibrio que puede no haber tenido antes, pero todavía puede añadir sus propios toques a la mezcla.

Para empezar, necesitamos echar un vistazo a algunos de los diferentes consejos de decoración, así como otros consejos que funcionan bien con los principios del lagom. Algunas de las cosas que puede hacer para añadir más lagom en su casa incluyen:

Suprima elementos del hogar

Para empezar, el suprimir elementos su casa puede ayudar también a añadir más del lagom. Un hogar simple y equilibrado es una de las mejores maneras de lograr un estilo de vida que se considera lagom. No solo una gran cantidad de decoración excesiva en todos los lugares comienza a contribuir a la cantidad de ansiedad que siente (que puede ser malo para todas las partes del cuerpo y la mente), sino que también va a bloquear parte de su creatividad, y puede hacer casi imposible que usted y otras personas en el hogar se relajen.

La buena noticia es que es fácil de quitar elementos en el hogar, y es posible hacerlo sin tener que pagar a alguien o gastar mucho dinero para empezar. Comience practicando el lagom con el consejo de la regla "uno dentro, uno fuera". Esto significa que por cada vez que se compra y se trae algo a la casa, un artículo tiene que salir. Practicando algunas pequeñas tareas de forma regular, descubrirá que el suprimir elementos de su casa va a ser más manejable que nunca.

Elija blanco o gris

Si quiere empezar un nuevo proyecto de pintura en su casa, entonces cambiar las paredes a gris o blanco es la mejor opción para usted. Ambas tonalidades son buenas para iluminar el espacio y pueden permitir que las piezas de acento y cualquier otro elemento que elija para esa habitación empiece a destacar. Además, si la paleta de colores está apagada, puede convertir la casa en un refugio más relajante al que escapar cuando termine de trabajar, o después de cumplir con todas las demás obligaciones que tiene durante el día.

Por supuesto, esto no significa que va a estar atascado con solo blanco y gris todo el tiempo y que el lagom no va a permitir otros colores en toda la decoración que tiene. Más bien, debería concentrarse en crear una sensación de calma evitando colores y patrones atrevidos o estridentes siempre que sea posible en su casa.

Lleve un poco más de naturaleza a su hogar

Es posible -y a menudo se fomenta- utilizar la naturaleza como una especie de accesorio en su casa. Puede usar una mesa de madera o usar plantas para ayudar a trabajar con sus decoraciones. Esos principios de lagom se van a prestar más al minimalismo que cualquier otra cosa, ser capaz de introducir algo de naturaleza en su casa puede ser una de las mejores maneras de alegrar el espacio sin tratar de añadir algo más de desorden. Puede añadir también algo de textura con una mesa de piedra o ir más allá de la manera que quiera, o simplemente pasar por el proceso de introducir plantas en su casa.

Tener una sola planta en su casa es una gran manera de ayudar a reducir el estrés. Incluso si no hay muchas ventanas soleadas en su casa para apoyar una planta, algunas grandes opciones de plantas que puede utilizar no van a requerir el mismo tipo de mantenimiento que otras. Entre las opciones que puede elegir para añadir a su casa para seguir este principio de lagom y asegurarse de estar utilizando plantas que prosperan incluso con una cantidad limitada de luz solar, se incluyen los árboles dragón de Madagascar, las higueras de hoja, las plantas araña y las plantas de aloe vera.

Deje entrar algo de luz natural

Dado que Suecia tiene muchas noches largas de invierno, la decoración que viene con el lagom definitivamente se va a centrar en conseguir la mayor cantidad posible de esa luz natural en su casa para darle más luz de día y calentar el espacio. Cuando se combina con una pared gris o blanca, la luz natural va a rebotar en su casa y puede aumentar su felicidad.

Para lograr este tipo de iluminación, puede usar cortinas y ventanas transparentes. Estas son buenas formas de asegurarse de que la mayor parte posible de la luz natural pueda entrar en la casa. Si le preocupa cuánta privacidad tendrá, pero aun así le gustaría seguir con esta parte de lagom, puede buscar luz y cortinas finas que dejen entrar algo de esa luz natural que quiere. También puede invertir en algunas persianas plegables para la noche, para que pueda dejar entrar esa luz durante el día y dormir más por la noche.

Asegúrese de que los objetos de la habitación puedan respirar

En la medida de lo posible, intente separar los objetos individuales para darles un respiro, así como la atención que realmente se merecen. Al decorar con lagom, cada objeto debe servir para un propósito o para deleitarle de alguna manera. Al separarlos unos de otros, permite que la habitación se sienta menos abarrotada y hace que sea más fácil para usted apreciar la belleza y el propósito de cada pieza.

Use un poco de luz de velas con un agradable y cálido resplandor

Las velas van a ser algo que los que practican el lagom van a usar de forma regular porque ayuda a añadir algo de ambiente a la habitación que quieren. Pero llevan esto más allá de usar las velas por la noche. Estas velas pueden utilizarse en la mesa del desayuno e incluso alrededor de la sala de estar para hacer que esa área se sienta más acogedora y más confortable al mismo tiempo.

Es importante llenar su casa con velas en lugares donde le gustaría añadir un toque de luz, como en el centro de la mesa o en un rincón oscuro. Trabaje para equilibrar el espacio, y asegúrese de que los estantes u otro lugar no se llenen con demasiadas velas en un solo lugar. Esfuércese por lograr un equilibrio en el uso de las velas; en lugar de usar demasiadas en un lugar -o en todo el lugar- guarde sus velas extras para que siempre tenga algunas a mano.

Reemplace las alfombras por tapetes

Las alfombras son algo que será bastante común cuando trabaje en la decoración de su casa, ya que la alfombra se considera a menudo como antihigiénica. Transmatta, que se traduce como "alfombra de trapo" en sueco, será un estilo típico que se ve en muchos hogares. Estas alfombras están hechas de retazos de ropa o telas viejas y se tejen juntas usando un telar.

Si no puede encontrar una transmatta, puede haber otros estilos de alfombras sencillas de su elección. Para ayudarle a crear su propio tipo de alfombra improvisada sin tener que ocuparse de su mantenimiento, las alfombras de capas van a estar una encima de la otra, y pueden cubrir el suelo de forma muy parecida a una alfombra, pero le ayudará a subir las alfombras y limpiarlas fácilmente cuando sea necesario.

Mezcle algunas de las alfombras modernas y las antiguas

La decoración que se hace en lagom va a enfatizar muchas cosas. Va a mezclar las cómodas piezas ergonómicas con algunas de las más antiguas y elegantes. Esto significa mezclar las piezas antiguas con las modernas y reducir la velocidad y la búsqueda de la mejor pieza para cada espacio. Los muebles antiguos y algunas de las otras piezas de decoración van a ser inherentemente lagom y en muchos casos, la basura de una persona puede convertirse fácilmente en el tesoro de otra.

Cuando busque algunos muebles antiguos y decorativos con los que quiera trabajar, asegúrese de tener un poco de paciencia. Mida el espacio que le gustaría llenar, y luego asegúrese de ser flexible en el proceso. Podría entrar en una tienda e imaginar que quiere una pieza en su cabeza, y luego descubrir que se encuentra con algo que es mucho mejor.

Hay muchas cosas de lagom que puede hacer en tu casa para hacerla más cómoda y para asegurarse de que sea "lo suficiente" para hacerle feliz. Siga algunos de estos consejos para ayudarle a limpiar su casa y hacerla más confortable y presentable, y estará bien encaminado para implementar más de la filosofía lagom en su propia vida.

Capítulo 4: Añadiendo lagom en su trabajo u oficina

El siguiente lugar donde podemos añadir un poco de lagom a nuestro estilo de vida es en la oficina. Los suecos no implementan la idea del lagom solo en casa, sino que tratan de implementarlo en muchas partes diferentes de sus vidas, asegurándose de que puedan tener esa felicidad en muchos lugares diferentes, no solo en uno. Un enfoque de colaboración y equilibrio entre el trabajo y la vida que sea saludable es parte de la mentalidad sueca con el trabajo, puede incluso ayudar a un negocio a beneficiarse si también están dispuestos a utilizar las ideas de lagom.

Cualquier empleador que quiera crear un lugar de trabajo que sea innovador y colaborativo entre todos los empleados podría realmente tomar algunos consejos de la idea sueca de lagom. La idea de "la cantidad justa" significa que necesitamos favorecer cosas como la colectividad, el equilibrio y la moderación por encima de la jerarquía, el exceso de trabajo y el individualismo. Puede ser bastante diferente de lo que vamos a ver en una cultura americana, pero sigue siendo una propuesta atractiva para trabajar.

Ser capaz de lograr un equilibrio sensato entre el trabajo y la vida para todos los empleados va a ser importante para cualquier empresa, ya sea en Suecia, en América, o en cualquier otro país de este planeta. Además, la semana laboral de 80 horas va a ser inaudita cuando se trata de lagom; esta larga semana laboral sería contraproducente cuando se trata de asimilar las ideas y procesos que abarca el lagom en su vida. Trabajar 80 horas a la semana o más puede hacerle ganar mucho dinero, pero entre eso y el sueño no va a tener tiempo para la familia, los amigos, o incluso la relajación -todo esto también es importante en el lagom.

Por ejemplo, una empresa emergente sueca establecida en California evita cualquier indicador clave de rendimiento mensual en el lugar de trabajo. De acuerdo con Lars Nordwall, director de operaciones de este negocio, este tipo de objetivo obligaría a la gente a trabajar muchas horas. Como resultado, pueden cancelar parte de su propio tiempo libre planificado para obtener esas cifras de rendimiento más altas o para compensar cualquier mala planificación que pueda haber ocurrido durante ese tiempo. Esto puede sonar bien en el exterior, pero resulta en una cultura dentro del negocio de desconfianza, estrés y mucha falta de motivación.

En cambio, les gusta seguir lo que se conoce como un "plan de operaciones anual", y los miembros del personal están incluidos en la formación de este plan. Asumimos que la gente trabajará 40 o 50 horas a la semana, y eso es todo. Los gerentes son entrenados y se espera que se abstengan de pedir más a sus empleados; esto es para que el personal no experimente un agotamiento. Esto se hace asegurándose de que los gerentes, así como el personal, planeen las cosas con anticipación para asegurar que prioricen sus días de trabajo de una mejor manera. Esta empresa incluso anima en ocasiones a los empleados a tomarse un tiempo libre y a salir temprano de la jornada laboral.

La idea aquí es que los empleados necesitan sentirse confiados. No necesitan estar microgestionados todo el tiempo, tener a alguien encima, monitoreándolos a todos en cada momento del día, haciéndolos trabajar 60 horas a la semana, y nunca permitiéndoles tener una vida hogareña en absoluto. Esto puede tener sentido para el dueño de la empresa que llega a llevarse a casa mucho dinero en el proceso, pero desalienta a los empleados, haciéndoles sentir desbordados y cansados, y esto nunca es bueno para ningún empleado, ni tampoco para la empresa. Cuando un empleado siente que se puede confiar en él, es más probable que vaya más allá en cualquiera de los momentos en que la empresa lo necesite más.

Piénselo de esta manera: si ya trabaja 60 horas o más a la semana, ¿realmente quiere añadir más horas y más estrés para ocuparse de un negocio que solo está interesado en los símbolos de dólar y que le hace trabajar aún más? ¿O pondría más trabajo y esfuerzo si supiera que el negocio le valora, permitiéndole trabajar solo las 40 horas sin culpa, dándole tiempo para salir temprano si tiene una cita o quiere cuidar a los niños, y no tratar de sobrecargarse de trabajo todo el tiempo?

Otro ejemplo de esto es de Lars Bjork, propietario de un negocio de software en Pennsylvania. Según Bjork, la única manera de lograr el equilibrio correcto entre el trabajo y el hogar es probar y ver qué funciona, "balanceando el péndulo", como le gusta decir. En este negocio, el personal tiene la opción de trabajar desde sus propias casas en lugar de ir a la oficina todo el tiempo, y luego se les permite experimentar con su elección. Los empleados tienen que ir de vez en cuando para algunas reuniones con clientes, pero por lo demás, se les permite trabajar en casa para ayudar a hacer las cosas más fáciles y mantener un mejor equilibrio entre el trabajo y la vida.

Otra parte del proceso de lagom que se encuentra en la oficina es el trabajo en equipo. Es por eso que muchas empresas creadas sobre este importante principio van a tomar decisiones de una manera más colaborativa. Los empleados pueden utilizar varios procesos o asistir a reuniones para estar informados y puedan hablar sobre el proceso de toma de decisiones para toda la empresa.

Cuando un empleado es capaz de tomar algunas de las decisiones que afectan a la empresa, va a ser realmente genial para todos. Saben por qué ciertas cosas se van a poner en marcha, pueden hablar de los problemas que ven y tratar de mejorarlos, y pueden trabajar realmente para sentir menos estrés. Sentirán que sus opiniones importan, incluso si no votaron por todas las decisiones que fueron aceptadas. Además, debido a su participación en la toma de decisiones, los empleados se sentirán menos estresados. Los casos de desconfianza, malentendidos y disputas serán mucho más raros en comparación con muchas compañías americanas.

El objetivo de esta idea general es llegar a un consenso. No todo el mundo va a estar contento con todas las decisiones todo el tiempo, pero el punto es luchar por un consenso y tan pronto como el líder de esa empresa o el grupo tome una decisión, es importante que todos en el negocio respeten la decisión y se apeguen a ella. Mientras que a los empleados se les pide que hablen y que den a conocer sus puntos de vista y opiniones, en este tipo de empresas también se deja claro que los líderes pueden entrar y tomar las decisiones finales.

Por lo tanto, con esto en mente, habrá algunas cosas diferentes que necesitan aparecer en una empresa y en su vida laboral para asegurarse de estar añadiendo algunos de los procesos de lagom en ella, incluyendo:

- Mantenga las semanas de trabajo al mínimo. Cuando se trata de lagom, la idea de 60 horas o más a la semana debe desaparecer. Nadie se beneficia con esto. Simplemente resulta en empleados agotados y cansados, y que no rinden tan bien como deberían. Limitar las horas a 40 horas será suficiente para la mayoría de las empresas y puede resultar en empleados que están más dispuestos a ir más allá cuando el tiempo lo requiera con su empleador más adelante.
- Permita algún tiempo para trabajar en casa. A veces, la vida se presenta, y los empleados van a necesitar estar en casa con un niño, con su cónyuge, o porque su coche se

averió. Forzarlos a tomar días libres y perder sus pagos debido a estos eventos de la vida puede añadir un nivel de estrés que no va a ser bueno para ellos, o para su negocio. Ellos pierden el dinero que necesitan para las facturas, y usted pierde parte de la productividad que necesita.

- Algunas empresas han comenzado a ser más abiertas en cuanto a la cantidad de tiempo que permiten a sus empleados trabajar en casa. Esto no es posible para todos los negocios todo el tiempo y, por supuesto, usted puede tener que esbozar los tiempos en que el empleado necesita para hacer el trabajo. Dicho esto, permitir cierta flexibilidad puede aliviar el estrés que tienen sus empleados, y puede ayudarle a hacer el trabajo que necesita.

- No tenga métricas que añadan demasiado estrés. Demasiadas compañías estadounidenses pasan su tiempo elaborando métricas duras que esperan que todo el mundo las cumpla todo el tiempo. Asumen que con estas métricas, van a ser más productivos y a hacer las cosas. Sin embargo, esto solo añade mucho estrés a sus empleados mientras tratan de mantenerse al día, trabajando cada vez más duro para cumplir con las métricas.

- En cambio, permitir que los empleados tengan algo que decir en la planificación y en las métricas que se utilizan puede marcar una gran diferencia. Esto asegurará que puedan plantear algunas de sus propias preocupaciones con las métricas que se están utilizando y puede ayudar a asegurar que las cosas que se están haciendo realmente vayan a mejorar su negocio. Puede que le sorprenda la cantidad de trabajo que se puede hacer cuando no está estresando tanto a los empleados en el proceso.

- Permita un ambiente seguro y abierto para todos. Todos en la empresa necesitan sentir que son valiosos. Hacerles sentir que solo están ahí para hacer dinero a la empresa, y hacer que sea una gran cosa cuando tienen que tomarse un tiempo libre, cuando hacen una pregunta, o cuando dan una opinión válida, puede ser realmente perjudicial para el empleado, y para su negocio. Su empresa no puede funcionar sin empleados, así que por qué tratarlos como si fueran máquinas que no tienen opiniones o vida privada fuera del lugar de trabajo.

• Considere la posibilidad de escuchar a todos los empleados al tomar decisiones. En lugar de tener una sola persona en la empresa a cargo de todas las decisiones (pisando los pies de todos los demás), ¿por qué no considerar la posibilidad de que todos los involucrados también tomen algunas de las decisiones? Claro, está bien tener un solo líder que pueda trabajar para tomar la decisión final, especialmente si no hay un consenso todo el tiempo. Sin embargo, cuando se permite a los empleados individuales hablar y sentir que son escuchados, es mucho más fácil hacerles sentir que son una parte valiosa de un equipo, en lugar de solo un número.

• Dese cuenta de que sus empleados tienen -y quieren tener- una vida fuera del trabajo. A los empleados les gusta ir a casa y no tener que preocuparse por el trabajo. Quieren tener más tiempo para salir, ver amigos, visitar a la familia y pasar tiempo con su cónyuge y sus hijos. No les gusta que su empleador los llame todo el tiempo por una "emergencia" que les quita horas de su vida. Además, no quieren pasar 60 horas a la semana en el trabajo y luego pasar más tiempo los fines de semana y por la noche tratando de hacer más trabajo. Quieren tener la libertad de ir a casa, dejar el trabajo y hacer las cosas que les gustan.

Si está tratando de añadir más lagom en su vida, este es el tipo de trabajo que necesita buscar. Aunque no sea el trabajo mejor pagado, encontrar uno que le permita tomarse un respiro y no tener que pensar y trabajar todo el tiempo en lugar de hacer las cosas que quiere hacer, puede ayudarle a mejorar su vida y hacerla mucho mejor en general.

En la cultura americana, la mayoría de la gente lucha con los muchos problemas al equilibrar una buena vida laboral con el resto de la vida. Muchas empresas piensan que la mejor manera de ser productivo y de hacer las cosas es trabajar demasiado, tratando de sacar el máximo provecho del trabajador. En el proceso de preocuparse solo por la productividad, tienen una alta rotación o empleados que no están motivados para hacer el trabajo; esto es perjudicial en general para el negocio.

Añadir algunas de las ideas que vienen con el lagom puede ser una de las mejores maneras de solucionar este problema. Incluyendo más libertad, reduciendo (o terminando) con toda la microgestión, y reduciendo las largas horas de trabajo puede ser la mejor manera de tener empleados que estén contentos. Seguirá habiendo mucha, y probablemente más, productividad con los empleados. Seguir los consejos de este capítulo le asegurará que podrá ver los mejores resultados con sus empleados.

Capítulo 5: Lagom, su ropa y su armario

La siguiente parte del lagom que debemos considerar es cómo manejar su vestuario y la ropa que usa al seguir los principios de un estilo de vida lagom. Esto incluye aprender a mantener la ropa y el armario al mínimo para no sentirse abrumado. Tratar de afrontar los gastos de comprar ropa nueva, así como los gastos de lavarlas todo el tiempo, puede ser estresante. Ahora, vamos a dedicar un tiempo a ver cómo puede hacer que todo su armario se ajuste a las ideas del estilo de vida lagom, ahorrándole mucho tiempo y dinero en el proceso.

La base de un armario lagom es mantener el número de artículos al mínimo; no necesita muchos artículos en su armario lagom. Si apenas puede hacer que la puerta del armario se cierre, ¡entonces esto es una señal de que no está viviendo en absoluto el lagom! Quiere tener ropa que pueda ser reutilizada y cambiada fácilmente, ropa que vaya a durar, y que pueda funcionar para ocasiones formales e informales dependiendo de sus necesidades. No es inusual que la gente de Suecia vaya con unas pocas prendas de vestir y luego las mezclen y las combinen para obtener el aspecto que desean.

Esto a veces puede sonar aburrido. Le puede preocupar que la gente empiece a notar que lleva las mismas cosas todo el tiempo. Sin embargo, en realidad, nadie lo notará en absoluto, y se ahorrará mucho tiempo y dinero. Cuando no tiene que pasar horas buscando la ropa adecuada o intentando encontrar algo, y cuando no tiene que pasar todo ese tiempo lavando su ropa, puede tener la libertad de hacer otras cosas. Además, cuando solo necesita comprar unos pocos artículos para empezar, también puede ahorrar mucho dinero.

Hay algunas cosas con las que puede considerar trabajar cuando se trata de añadir algo de lagom en su estilo de vida. Primero, vea si puede darle a su vestuario una especie de estiramiento facial. A medida que el escenario de la moda comienza a cambiar y algunos de sus estilos van con ella, la forma en que mira su ropa va a cambiar. Asegúrese de revisar su vestuario regularmente, sin que el foco de atención pase de largo.

Puede que le sorprenda lo que hay en el armario, y lo que sería capaz de volver a usar de una manera diferente. Tal vez descubra que tiene una falda vieja y vea que ahora puede funcionar perfectamente como una enagua estrafalaria para un vestido viejo que necesita acortarse. Tal vez pueda encontrar unos pantalones que pueda convertir en shorts y hacerlos durar un poco más.

Lo siguiente que hay que considerar es desempolvar la máquina de coser. Esta es una gran habilidad por aprender; coser puede ayudarle a mantener algunas de sus ropas por un poco más de tiempo y ahorrar dinero en el proceso. Tal vez empiece aprendiendo a coser un botón en una camisa, luego aprenda a trabajar con cremalleras, y posiblemente incluso aprenda a adaptar una de sus propias prendas en algo que sea completamente nuevo. Considere la posibilidad de ver algunos videos de YouTube, y busque otras opciones de aprendizaje similares que pueden ayudar a hacer esto una realidad.

También necesita tomarse un tiempo para evaluar el vestuario cápsulas que tiene. Tener una base de ropa que sea útil (y que le guste usar) puede ser estupendo, pero tenemos que considerar esta idea cuidadosamente; puede que tenga una idea diferente de un vestuario cápsula que otra persona. Tal vez usted tiene una base que tiene 11 vestidos de base floral, mientras que otra persona quiere tener una gama confiable de zapatillas y abrigos.

Lo siguiente en lo que hay que trabajar es en la valentía: probar algunas de las combinaciones que pueden parecerle feas al principio. Es algo que puede ser difícil de empezar, pero es realmente liberador para alguien cuando prueba algo nuevo, lo hace mal, y luego simplemente aprende a vivir con ello. Solo haciendo experimentos puede aprender más sobre sus propias expresiones personales, y puede mejorar la confianza en sus instintos en lo que se refiere a su estilo. Quién sabe, puede que descubra que se enamora de algo que no encaja exactamente con las tendencias actuales. Es una experiencia de aprendizaje.

También hay algunas cosas que puede hacer para que su vestuario sea más funcional. Los cambios en el armario le asegurarán que tiene la ropa que necesita, sin que todos los extras o piezas innecesarias sigan colgadas en su armario, ocupando espacio. Algunas sugerencias incluyen:

    1. Cuide bien su ropa. Comprar buena calidad ayuda a su armario a sobrevivir la lluvia y el frío, e incluso algunas de las temperaturas más calientes. Piense a largo plazo con su ropa y consiga cosas de mayor calidad y que duren más tiempo; ¡luego cuide de ellas! Sí, puede ser más caro, pero si puede elegir un abrigo o un par de pantalones que duren cinco años o más, en lugar de una sola temporada, será mucho más ventajoso para su cartera.

    2. Olvide lo que está pasando con las tendencias. Cuando siga el lagom, y va por el largo plazo, tiene que olvidarse de las modas porque son de corto plazo y van a cambiar todo el tiempo. Escoja el estilo que le guste, y luego siga con esto.

3. Ponga prioridad a su confort. Nada va a arruinar su día como ir con zapatos que apenas le quedan o no son cómodos. Quiere asegurarse de que todas las cosas que se ponga en su cuerpo no solo sean funcionales, sino también cómodas para que pueda asegurarle de disfrutar más de la vida.

Cambiar un poco de vestuario cuando trata de seguir el lagom es a veces difícil. Es difícil pensar en el largo plazo al elegir la ropa que queremos usar, y a veces es más fácil seguir las tendencias sabiendo que podemos cambiar de esto todo el tiempo. Sin embargo, con el lagom, pensamos en la comodidad, pensamos en el largo plazo, y encontramos artículos que nos van a durar y que se quedarán.

Esto es difícil de manejar a veces, pero va a ser necesario para asegurar que vayamos a ahorrar dinero y tener lo suficiente. Puede que tenga que limitarse a salir y comprar algo nuevo todo el tiempo. Además, puede que tenga que decir no a las cosas más de lo que le gustaría. Sin embargo, la recompensa que viene con esto va a valer la pena a largo plazo y puede traerle más felicidad que nunca antes.

Capítulo 6: Lagom y su elección de comida y alimentación

El lagom es algo con lo que puede trabajar cuando se trata de sus opciones de alimentación. La forma americana de comer no es algo que el resto del mundo vaya a compartir. La mayoría de los países practican un poco más de moderación en lo que se refiere a las cantidades y tipos de alimentos que comen. Parece que en América hay muchos extremos; o la gente come en exceso y lleva la ruina a su salud, o comen tan poco que también puede causar problemas físicos. Sin embargo, con la idea de "lo suficiente" que viene con el lagom, seríamos capaces de arreglar este tipo de problemas y aprender a disfrutar de nuestra comida mientras mantenemos nuestra propia salud en el proceso.

Cuando se trata de cómo debe comer, y comer bien, lagom significa que debe encontrar el equilibrio; esto significa tener conciencia de lo que su cuerpo realmente necesita, aprender a encontrar sus señales de satisfacción, y medir cómo se sientes mientras come. Esto mantiene las cosas más sanas y moviéndose mejor que comer hasta que uno esté lleno o solo come porque es hora de comer, en lugar de lo que pensamos que debemos comer o lo que sea que esté en el plato.

Los suecos a menudo se preocupan de que todo esté en la cantidad correcta, pero esto tampoco significa que vayan a tener miedo de complacerse a sí mismos a veces. Solo hay que echar un vistazo a todos los mostradores de dulces que están en las paredes de todas las tiendas suecas para ver esto. Sin embargo, los que viven en este país tienen un sistema para las golosinas, y saben cuándo tratarse a sí mismos, y cuándo comer de manera más saludable.

Por ejemplo, "lordagsgodis", que significa "dulce del sábado", es una tradición que ha existido en Suecia desde los años 50. El gobierno sueco (preocupado por el problema de la caries dental en el país) recomendó a los padres que dieran dulces a sus hijos solo los sábados. Hasta el día de hoy, si sale de compras un sábado, verá a los niños llenando bolsas de papel con caramelos y regaliz, incluso los más salados.

Esta puede ser una buena manera de incluir un placer en su vida. No tiene que renunciar a ello completamente, pero aprende a limitarlo lo más posible en el camino. Evite los dulces y las golosinas la mayor parte del tiempo para mantener su cuerpo sano en general. Aun así, tendrá algo que esperar al final de la semana, y podrá disfrutarlo con moderación, sin renunciar a ello permanentemente.

Otra opción con la que puede trabajar es aprender a preparar sus alimentos. A los suecos les gusta disfrutar un tipo de comida más social que la que vemos con muchas familias americanas. A la hora de comer (incluso a la hora del almuerzo en el lugar de trabajo), van a colocar su comida en platos reales, y luego se sientan en una verdadera mesa comunal para que todos almuercen juntos. A veces habrá velas encendidas, y la conversación incluirá a todos en lugar de solo una o dos personas hablando entre sí.

A diferencia de lo que muchos americanos hacen durante el almuerzo, ¡casi nadie va a comer de un recipiente Tupperware! Usted no comerá solo en su oficina; no saldrá a comer para el almuerzo. No comerá con solo una sola persona ni se sentirá solo todo el tiempo. Además, tampoco tendrá que trabajar durante la hora de la comida. Se trata de trabajar con otros y de tener un descanso cuando sea el momento. Comer una comida emplatada hace que sea más formal y más un evento, y cuando puede dejar su trabajo para sentarse a hablar con otros en la mesa, hace que la experiencia sea mucho mejor.

Sin embargo, esto no es solo en el lugar de trabajo. En casa también se aseguran de que sus comidas estén en un plato. Incluso aquellos en la escuela o en la guardería también van a comer en un plato y se sentarán en una mesa con un almuerzo caliente, los cubiertos adecuados y una oportunidad durante todo el tiempo para aprender a comportarse y usar los modales adecuados en la mesa.

Esto es algo a lo que toma un poco de tiempo acostumbrarse. La mayoría de los estadounidenses están acostumbrados a apresurar su almuerzo, tratando de hacerlo lo más rápido posible y no centrándose demasiado en lo que están comiendo (¡o cuánto están comiendo!) A menudo comen solos y no disfrutan realmente de su almuerzo porque saben que no están descansando, frecuentemente tienen que trabajar al mismo tiempo, y se pierden la experiencia social que puede venir con ello.

Una vez que haga algunos de los cambios, encontrará que realmente puede ser agradable. Este tipo de alimentación no solo es más social, sino que va a añadir un elemento de respeto a la idea de comer, y de comer bien. Tomarse el tiempo para servir el almuerzo en un plato real y luego sentarse en una mesa con otros (no en su escritorio) puede convertir el proceso de almorzar en un acto más consciente, permitiéndole disfrutar realmente de la comida más que comer solo, comer en su escritorio, o mientras está haciendo algún trabajo.

Otra cosa que hay que aprender cuando se trata de comer con la idea de lagom es que no hay que temer a la grasa. Dejar de lado muchos de los mitos que son populares en América y comer cosas que tienen grasas saludables en ellas puede ser algo difícil para muchos americanos que están preocupados por sus dietas y lo saludables que pueden ser. Aun así, esto es algo que hay que superar cuando se trata de comer de forma equilibrada en este tipo de plan de dieta.

Por ejemplo, los del país sueco favorecen los lácteos que están llenos de grasa, y una vez que usted supere la idea de que todas las grasas son malas, empezará a ver por qué y disfrutará de esta versión sobre algunas de las otras. Pero no va a terminar solo con los productos lácteos que usted consuma. A los suecos les gusta poner mantequilla y cremas para llenarse de grasa, y añadirán mucho queso a sus comidas -mucho más de lo que usted puede estar acostumbrado. Esto puede ser muy diferente de lo que pensamos que es saludable, pero puede ser bueno para usted si lo hace con moderación.

Incluso con este alto nivel de consumo de grasa, no parece que los suecos estén comiendo en exceso o ganando mucho peso. Esto se debe a que los tipos correctos de alimentos altos en grasa tienden a ser más satisfactorios, y buenos para ayudar a no comer en exceso, en comparación con algunas de las opciones más bajas en grasa. Si aprende a escuchar algunas de sus propias señales de satisfacción y no lleva esto demasiado lejos, podrá perder peso y mantenerse sano todo el tiempo, incluso cuando esté comiendo alimentos con mayor contenido de grasa.

Además de comer alimentos con alto contenido en grasas saludables, también debe asegurarse de que haya una variedad de granos presentes en su dieta. Por supuesto, habrá los tipos regulares como el arroz y el trigo, pero cuando se trata del tipo que a la mayoría de los suecos les gusta consumir, el centeno es el rey en ese país.

En Suecia, la avena se consume en forma salada, como una alternativa al arroz que es más sostenible y más nutritivo. La avena alimenticia, o Mathaver, es más masticable y espesa que la avena en copos o en rollos con la que la mayoría de los americanos están acostumbrado, y ayuda a hacer una mejor comida. La espelta es otro grano común, y también puede ser consumida en muchas formas diferentes e incluso horneada en pan si se quiere.

Comer muchas frutas y verduras saludables también puede marcar la diferencia en el tipo de salud que tendrá. Intente añadir algo de variedad junto con los otros dos tipos de alimentos que hemos discutido. Estos van a proporcionar a su cuerpo una gran cantidad de antioxidantes y nutrientes que el cuerpo necesita y puede ser una gran manera para que usted realmente obtener algo dulce sin que sea demasiado y arruinar el tipo de moderación que usted necesita.

El lagom nos ayudará a ir más despacio y a escuchar a nuestros cuerpos sobre cuánto comer. Si está comiendo demasiado rápido, es difícil saber cuándo ha terminado de comer, y cuándo ha comido demasiado. Recuerde que el lagom es *lo suficiente*, así que debe comer lo suficiente para hacer feliz al estómago y proporcionar a su cuerpo los nutrientes que necesita, y nada más. ¿Pero cómo se supone que sabe cuándo llega a ese punto al comer si no ha disminuido la velocidad lo suficiente como para sentirlo?

El lagom nos ayudará a disfrutar de nuestras comidas. En lugar de pasar y simplemente devorar la comida que tiene todo el tiempo, sin probarla realmente o incluso recordar lo que comió de una comida a otra, lagom le pide que vaya más despacio y que tenga la oportunidad de comer su comida y disfrutarla realmente. Esto es muy importante para cualquiera que esté tratando de ser más saludable en general, y puede hacer que la idea de comer sea más agradable.

Desacelerar, probar la comida que come a diario, y ser más consciente de ello hará una gran diferencia. Disfrutará de la comida que está comiendo. Se reducirá bastante la velocidad y también disfrutará de la hora de la comida. Además, verá que cuando sea capaz de ir un poco más despacio, podrá saber cuándo estás satisfecho, en lugar de comer en exceso y luego sentir -cuando sea demasiado tarde- que es hora de parar.

Lagom se asegurará de que comamos más alimentos saludables que sean mejores para nosotros. Lagom definitivamente no está en contra de la comida ocasional. Sin embargo, esto no significa que deba tener tantas golosinas que no pueda ver los alimentos que come en el camino. Su dieta debe consistir principalmente en alimentos saludables, con muchas buenas proteínas, buenos granos integrales, grasas saludables, buenas frutas y verduras a lo largo del camino. Si es capaz de comer esto de forma regular, puede tomar golosinas de vez en cuando, ¡sin la culpa!

El lagom nos permite convertir nuestras comidas en un evento más social, en lugar de apresurarnos a través de ellas. Si está acostumbrado a comer solo todo el tiempo, o está acostumbrado a comer en un escritorio mientras trabaja, probablemente ya sabe que esto es malo por muchas razones diferentes. Está solo, lo que puede ser un poco deprimente y no le permite socializar. Además, como comer en el escritorio a menudo significa que va a trabajar al mismo tiempo, esto significa que no se da una pausa en el proceso.

No importa qué comida esté comiendo, lagom le anima a que sea un evento social. Siéntense en familia y disfruten juntos del desayuno antes de ir a la escuela y al trabajo. Tómese un tiempo durante la jornada laboral para sentarse con otros en la oficina y hablar, sin excluir a nadie, y sea sociable. Por la noche, coma con su familia o invite a un amigo a disfrutar de una comida con usted. Estas comidas no solo sirven para alimentar el cuerpo y nutrirlo un poco, sino que también sirven para tomar un descanso del día y mejorar la salud mental y emocional y ser más sociable, todo en uno.

Lagom permite que nuestras comidas sean más conscientes. Cuando aprendemos a concentrarnos en lo que comemos en nuestras comidas nos volvemos más conscientes de la comida que estamos consumiendo. Tómese el tiempo para servir algunas de sus comidas en lugar de comer en un Tupperware o en una bolsa. Esto ayuda a la comida (piense en fresco) y también nos ayuda a parar y disfrutar de las comidas que comemos. Cambiar este único hábito hace que sea más fácil ir más despacio y saber cuándo estamos llenos, o cuándo estamos comiendo simplemente porque la comida está delante de nosotros.

Es importante que a través de este proceso aprendamos a escuchar a nuestros cuerpos. En Estados Unidos, vemos la hora en el reloj, y luego asumimos que es hora de comer, ya sea que tengamos o no hambre en ese momento. Cuando llenamos nuestro plato, el plato suele ser muy grande, y sentimos que necesitamos comer hasta el último bocado, y a veces repetimos.

Si bien estas cosas nos ayudarán a mantener un horario, no serán muy propicias para ayudarnos a captar los signos y señales que nuestro cuerpo envía, y a menudo nos hace comer en exceso. Es fácil ver la verdad en este concepto; vea el aumento de la obesidad y la epidemia que está causando en América, y vemos que esto es definitivamente cierto.

Con el lagom, sin embargo, es importante aprender a eliminar algunos de estos hábitos, deteniéndolos en su camino. Comer demasiada comida y llenarnos hasta saciarnos no es una buena manera de mantener nuestra salud, y nos va a hacer perder el equilibrio que realmente estamos tratando de encontrar en el lagom. Puede que sea la forma en que los americanos comen, pero la mayoría de nosotros puede estar de acuerdo en que no es la mejor forma de hacer las cosas y apurarse a la hora de comer causando más daño que bien.

La buena noticia es que hay algunas formas de cambiar los hábitos alimenticios para que se ajusten más a las ideas del lagom en lugar de seguir con los malos hábitos alimenticios que ya se tienen. Para empezar, utilice un plato más pequeño a la hora de comer y no llene el plato hasta el borde; solo esto puede reducir cientos de calorías y le hará sentirse lleno cuando termine.

Mientras coma, tome pequeños bocados y saboree la comida. Aquí es donde la idea de la atención plena va a entrar en escena y hacer las cosas más fáciles. Después de cada dos o tres mordiscos, beba también un poco de agua. Esto ayuda a retrasar la comida y le mantiene hidratado para que no coma muy rápido. A menudo, perdemos la pista de estar satisfechos porque comemos tan rápido que el estómago se llena antes de que nos demos cuenta de lo que está pasando. Cuando vamos más despacio, podemos saber cuándo nos sentimos satisfechos, y esto a menudo va a ser antes de lo que nos damos cuenta.

Cuando termine de comer, no vuelva por un segundo plato. El primer plato suele ser suficiente, y a menos que el estómago siga gruñendo y pidiendo comida, lo que probablemente no sea así (así que no use esto como excusa), no es necesario que vuelva para conseguir más comida. Siga con el único plato y se sentirá mucho mejor.

Cuando se trata de la hora de la comida, también mezcle las cosas. Solo porque se haya levantado de la cama, o porque sea mediodía, no significa que tenga que comer a esa hora. Esto es para lo que muchos americanos están condicionados, pero es una forma poco saludable de comer. Nos hace sentir como si tuviéramos que comer a esa hora, incluso si no tenemos hambre. Aprenda a leer las señales de hambre de su cuerpo y escuche esas señales para saber cuándo es la hora de comer, en vez de la hora del reloj. Dependiendo de su propio cuerpo, puede encontrar que no necesita comer tan a menudo como pensaba en el pasado.

La idea del lagom va a entrar en juego de muchas maneras diferentes cuando se trata de la forma en que come. Nos pide que vayamos un poco más despacio para tener la oportunidad de comer lo que necesitamos, y nada más. Nos pide que tengamos la oportunidad de disfrutar de una comida con otra persona, en lugar de comer siempre demasiado y solos. Además, nos pide que disfrutemos de algunas de las golosinas y bocadillos que queremos, siempre que se haga con moderación.

Esto puede contrastar con lo que solemos ver en muchos de los hábitos alimenticios de América. Sin embargo, cuando se aplica de manera adecuada, y aprendemos a escuchar a nuestros propios cuerpos, en lugar de comer solo porque creemos que lo necesitamos, entonces podemos ver por qué el lagom es un proceso tan bueno para toda nuestra salud.

Capítulo 7: Cómo sus vacaciones y celebraciones pueden mejorar con Lagom

No importa cuánto le guste la Navidad y todo el espíritu navideño que viene con ella, es fácil admitir que ha sido tomada por el comercialismo -en otras palabras: ¡comprar muchas cosas! Millones de americanos se endeudan tanto para poder celebrar realmente la Navidad y todo lo que viene con ella, y esto lleva a muchos problemas en el futuro.

La primera cuestión es cuánto se gasta en regalos. Hay un fin de semana entero, el Viernes Negro y los días siguientes, que se dedica a grandes ofertas de regalos de Navidad, y los árboles se llenan a menudo hasta el borde con muchos artículos diferentes para todos en la familia. Los regalos deben ser comprados para cada persona de la familia, e incluso para algunos amigos, compañeros de trabajo, profesores y todos los demás. Puede costar una pequeña fortuna comprar todos estos regalos, y muchas veces incluso con todo el dinero gastado, estos regalos se olvidarán, se romperán o estorbarán en pocas semanas.

Los regalos no son lo único que debe preocupar cuando se trata de los problemas con la Navidad. ¿Cuánto se gasta en las luces de la casa? ¿Cuánto se gasta en un árbol o en la decoración de la casa, en todas esas fiestas navideñas, y en todas las demás festividades que llegan en esta época? ¿Y cuánto tiempo y dinero se gasta en cocinar toda esa comida y prepararla para ir a ver a la familia y los amigos?

No es que no disfrutemos de este tipo de cosas, pero todo esto también suena bastante agotador. Para cuando las vacaciones terminan, todos necesitamos unas vacaciones de ello, y nuestras cuentas bancarias están tan vacías, lo que lleva la mayor parte del año arreglarlo y tratar de poner las cosas en orden. Tiene que haber una mejor manera de disfrutar de lo bueno de los días festivos, sin tener que lidiar con un lío tan grande en el camino.

La buena noticia es que hay algunas otras cosas que puede hacer para añadir más lagom en sus celebraciones. Agregar esto a sus fiestas puede parecer que es un poco Grinch, pero si le ayuda a mantener su cordura en el camino, se quita algo de estrés, y le ayuda a mantener algunos de sus presupuestos sin colapsar, entonces es definitivamente algo que vale la pena.

Así que, con esto en mente, y recordando que queremos pasar más tiempo disfrutando de lo que está permitido en estas fiestas, en lugar de tener que estresarnos y preocuparnos todo el tiempo, necesitamos tomarnos un tiempo para ver las diferentes maneras en que puede añadir más lagom en su Navidad y las otras fiestas que están en su vida también.

Tarjetas de Navidad

Hay algunos pasos diferentes que puede tomar para manejar las tarjetas de Navidad. Algunas personas deciden que las tarjetas de Navidad deben enviarse a todos los miembros de su familia, a sus amigos, compañeros de trabajo y a otras personas que no han visto o con las que no han hablado en años. Harán o encontrarán las mejores tarjetas, enviarán cientos de tarjetas, tomarán fotos de la familia, conseguirán estampillas y mucho más.

Esto puede ser estresante, especialmente cuando se para a considerar que la gente no va a hacer nada con ellas una vez que las fiestas hayan terminado. Esto podría ser definitivamente una parte del proceso que usted mantendría fuera de su tiempo de vacaciones. Puede parecer algo difícil de dejar, pero cuando no necesite preocuparse por el estrés de no entregar una tarjeta a todo el mundo, o por el costo y el tiempo que conlleva cada una, ¡piense en cuánto le va a liberar y le dará tiempo para disfrutar de las vacaciones!

Las decoraciones de Navidad

Lo siguiente en lo que se puede centrar para ayudar en las fiestas es en las decoraciones que usa durante esta temporada. Si realmente quiere ir con lagom, elegiría no tener muchos tipos de decoraciones, o solo las mínimas, como un árbol y unas pocas luces. Sin embargo, algunas personas están realmente metidas en esta fiesta y disfrutan de tener más decoraciones para celebrar. Esto está bien, pero tenemos que encontrar algunos métodos simples y prácticos de hacer esto para asegurarnos de que realmente podamos ver los resultados y no tener que endeudarnos o luchar al mismo tiempo.

Hay varias maneras de hacer que incluso sus adornos navideños caigan en el reino del lagom. Una de las mejores maneras de ayudarle a reciclar los adornos que tiene para esta época del año es elegir un árbol de Navidad que pueda volver a plantar en el jardín cuando hayan terminado las fiestas, o uno que pueda reutilizar año tras año. Solo asegúrese de que se riegue y esté húmedo todo el tiempo mientras lo mantenga dentro para que sobreviva hasta que termine la fiesta.

Sin embargo, para aquellos que no tienen suficiente espacio para ocuparse de plantar un árbol cuando terminen las fiestas, puede que tenga que optar por otra opción. Puede comprar un árbol real si quiere, pero muchas personas que toman el camino del lagom compran un árbol artificial para poder reutilizarlo año tras otro. Si va con uno de los árboles reales, hay muchos municipios que recogerán y dispondrán del árbol de la manera más ecológica posible, y eso es algo que debe considerar.

Otra cosa a tener en cuenta es que una de las formas más lagom de decorar su casa es conseguir follaje, ramas e incluso flores de su propio jardín para ayudar a decorar la casa y hacerla lucir bien para las fiestas. Puede usar cualquiera rama extra que no necesite de su árbol real, o de los árboles que tiene en el exterior: hiedra, acebo y algunas otras plantas de temporada del exterior para ayudar a decorar el hogar, hacer que el hogar y el manto se vean mejor y para hacer los centros de mesa que necesite.

Puede añadir otro tipo de decoraciones si lo desea, pero considere cuánto va a costar y si podrá reutilizarlo tanto como sea posible. Si va con luces, consiga un tipo de alta calidad que podrá usar durante unos años seguidos. Elija decoraciones que puedan durar todo el invierno, o que pueda reutilizar en otras partes del año sin mucho trabajo extra. Cuanto más pueda reutilizar las cosas y hacer que funcionen para otras cosas que necesitará en la vida, más fácil será este proceso.

El papel de regalo

Incluso somos capaces de tomar algo del papel de regalo que estamos usando y hacer que funcione también para el lagom. Puede que no se dé cuenta antes, pero es posible que gran parte del papel de regalo que intenta enviar a la papelera verde no pueda ser reciclado, especialmente si se encuentra con algunos que tienen acabados brillantes, son metálicos, o tienen plástico en parte de la superficie.

Una idea que es mucho mejor para usted es usar papel marrón para hacer su propio papel de regalo. Puede reciclarlo más tarde.

Considere la posibilidad de añadir algo de oropel o usar alguna cuerda bonita; use su imaginación para ayudar a hacer su propio papel de envolver único e inusual. Hacer esto añade un toque personal, dando un aspecto único que no se puede encontrar en ninguno de los papeles de regalo comerciales que existen.

Hay varias maneras de hacer esto e incluso ahorrar dinero en el proceso. Puede conservar algunos de los viejos papeles y bolsas que consigue en las tiendas de comestibles y usarlos como su papel de regalo. Si guarda las bolsas viejas, entonces es la manera perfecta de envolver regalos sin tener que gastar dinero en el proceso.

Alternativamente, puede elegir dejar el papel de regalo por completo y usar algo como una bolsa de tela para envolver algunos de sus regalos. A menudo puede encontrar un montón de piezas de tela vieja en su casa o en una tienda de segunda mano y puede hacer una bolsa que pueda reutilizar repetidamente.

La comida

Si va a comer en su casa durante las fiestas o va a organizar su propia fiesta, es probable que la cantidad de trabajo que tenga que hacer le parezca abrumadora. Puede resultar caro gastar su tiempo en conseguir platos, decoraciones, cubiertos, cosas bonitas para todo el proceso, y hacer todas las comidas, postres y complementos que necesitaría para tener una buena fiesta.

No tiene que pasar por todo este proceso y sentirse tan estresado para poder tener una buena fiesta con algunos de sus amigos y familiares. Solo tiene que saber dónde reducir gastos y dónde trabajar duro para que sea agradable. Primero, si insiste en cocinar la comida, hay unas cuantas opciones a tomar en cuenta. Puede reducir el número de acompañamientos y postres que va a cocinar. Elija solo una carne, en lugar de tres opciones. Alternativamente, incluso pida a los demás que traigan un acompañamiento, un condimento o una bebida para ayudar. Cuantas más manos sean capaces de ayudar, más fácil será.

Otra opción: si no se siente cómodo pidiendo a sus invitados que traigan sus propios alimentos y partes de la comida, intente contratar la comida. Hay muchas opciones asequibles de catering con algunas ofertas únicas también, y esto puede ayudar a eliminar parte del estrés, permitiéndole disfrutar de sus fiestas, mientras proporciona a sus invitados una buena comida.

Muchas veces, los que organizan este tipo de fiestas se preocupan por cada pequeño detalle y esperan que todo sea perfecto. Sin embargo, en realidad, sus amigos y familiares están allí para pasar un buen rato y para verle; no se van a preocupar tanto por todos los pequeños detalles. ¿A quién le importa realmente si estás usando platos de papel o la verdadera vajilla China? ¿A quién le importa si los platos, las tazas y todo lo demás coinciden realmente? Tener las cosas un poco diferentes y un poco menos formales puede hacer la fiesta mucho más divertida.

Además, necesita considerar cuánto puede asumir en realidad cuando se trata de las fiestas. A mucha gente le gusta llegar a todo durante este tiempo, con la esperanza de poder exprimir todo de las fiestas, y de no hacer enojar a nadie. Pero antes de que se den cuenta, sus vacaciones están llenas de fiestas, eventos escolares, eventos de trabajo, villancicos, cocina, y tantas cosas que no pueden sentarse, relajarse y realmente disfrutar de las vacaciones en las que están. Esto significa que están pasando demasiadas cosas, y es definitivamente una señal de que hay que añadir algo de lagom.

Antes de que empiecen las vacaciones, es una buena idea dar un paso atrás y echar un vistazo a lo que va a surgir, y lo que es más importante para usted. Atiborrar uno o más eventos sociales en cada día no es una buena idea, y definitivamente es más que suficiente para que cualquiera pueda manejarlo. Claro, aún puede aceptar invitaciones a eventos, ser social y disfrutar de la temporada. Sin embargo, su tiempo no debería estar tan lleno como para que termine estresado.

Durante este tiempo, antes de aceptar una invitación, considere si es algo que realmente le gustaría hacer y disfrutar. Piense en quién organiza la fiesta o la reunión, cómo se sentiría si pudiera perdérsela sin hacer enojar a nadie y piense en lo estresante que podría ser ese día para usted. Además, una vez que considere todos estos factores, podrá entonces *decidir* si vale la pena ir a ese evento o no.

Regalos de Navidad

Lo último que tenemos que ver cuando se trata de añadir lagom a sus vacaciones es respecto a los regalos de Navidad. Cuando se trata de estos, tenemos que dar un paso atrás y considerar si realmente tenemos que ir a comprar tanto para el año. ¿Cuántos artículos necesitamos realmente? Además, ¿hay regalos que van a ser usados regularmente por sus amigos, familia e hijos, o es algo que se va a tirar y no se va a volver a usar nunca más?

Sí, siempre es una idea encantadora dar y recibir regalos, pero tal vez es hora de considerar realmente lo que estamos haciendo, y no solo dar regalos por el gusto de ello. Esto asegura que los regalos que damos sean más significativos, útiles. Otra ventaja de pensar en la idea de dar regalos: esto nos ayuda a evitar escoger el primer artículo que vemos, gastando demasiado dinero, en el proceso.

Lo mejor que se puede hacer aquí es establecer un presupuesto con la idea de la frugalidad como objetivo principal. Puede que descubra que *regalar recuerdos en lugar de cosas* puede ser muy útil para ayudarle a tener una mejor Navidad, sin gastar dinero en un regalo que va a ser inútil para la otra persona en poco tiempo. Podría regalar un vale para hacer algo por la otra persona o para ir a algún lugar con esa otra persona. Recuerde siempre que dar su tiempo es un regalo mucho mejor que cualquier artículo que vaya a usar. También puede considerar hacer un regalo para la otra persona.

Sí, tendrá hijos que pedirán y rogarán por la última y más grande cosa todo el tiempo. Esto no es nada nuevo, pero no es algo que tenga que dar todo el tiempo. Puede limitar algunos de los regalos que reciben que van a estar bajo la cama en poco tiempo y trabajar con esto en su lugar, dando las experiencias y el tiempo en lugar de darles más cosas que van a estar botadas.

Recuerde que la idea del lagom no es deshacerse de todo, sino asegurarse de que tiene lo suficiente cuando se trata de las diferentes partes de su vida. Esto asegura que aún puede disfrutar de las fiestas que se aproximan, en lugar de estresarse y preocuparse por las diferentes partes de las fiestas que le hacen sentir abrumado con demasiadas responsabilidades. Esto puede requerir algunos ajustes, especialmente a la luz de todo el comercialismo que viene con el estar en América. Sin embargo, es una de las mejores maneras de asegurarse de ser capaz de disfrutar realmente de las vacaciones y pasarlas con las personas que ama, haciendo algunas de las cosas que realmente ama. ¿Y no es eso lo que todos queremos durante las fiestas?

Como puede ver, es posible que se tome las vacaciones, especialmente la Navidad, y le añada algo de lagom. De hecho, una vez que supere la idea de que la gente le va a juzgar o que se vas a perder algo importante durante las fiestas, esto se hace más fácil. Descubrirá que añadir lagom -hacer lo suficiente en vez de demasiado durante esta época del año- va a marcar una gran diferencia en lo que realmente podrá hacer y disfrutar cuando llegue la época de las fiestas.

Capítulo 8: El estilo de paternidad lagom

Incluso es posible que seamos capaces de tomar algunas de las ideas que vienen con el lagom y aplicarlas a su experiencia y su trabajo como padre. La crianza de los hijos es realmente difícil; hay tantas opiniones y estilos de crianza que es difícil saber cuál va a ser la mejor para sus necesidades. Además, siempre parece que una persona piensa que su estilo de paternidad va a ser mejor que el de otra persona. ¿Cómo sabemos cuándo estamos criando de la manera adecuada, y cómo podemos añadir las ideas de lagom en la crianza?

Aunque es cierto que la paternidad va a ser un asunto muy personal, y va a variar en función de la dinámica familiar y los niños de la familia. Muchos padres van a decidir que vale la pena su tiempo el incorporar las creencias y elementos del lagom en algunas de las cosas que hacen cuando crían a sus propios hijos.

Algo que puede no ser tan sorprendente aquí es que muchas de estas ideas van a venir de la forma en que las familias de este país crían a sus hijos. De manera similar, pueden estar basadas en conceptos que se están popularizando en el resto del mundo. Si desea aprender más sobre cómo se puede utilizar el lagom en el ámbito de la crianza de los hijos, y quiere averiguar cómo puede añadirlo a su propio hogar, y a algunas de las cosas que está haciendo con la crianza de los hijos, hay algunas sugerencias que puede seguir.

Empecemos con algo sencillo. Usted quiere asegurarse de que su hijo reciba suficiente luz natural y también aire natural. Esto es importante sin importar la etapa en la que se encuentre su hijo en ese momento, incluso cuando sea un bebé. Ya sea que esto signifique sacarlo a jugar y disfrutar de lo que la naturaleza tiene para ofrecer, o si significa abrir las ventanas y dejar entrar el aire mientras juega dentro y toma una siesta, entonces esto es lo que usted necesita hacer.

En Suecia, la mayoría de los médicos recomiendan todo este aire y luz natural para animar al niño a desarrollar un sistema inmunológico sano y a sentirse más feliz. Por supuesto, si su bebé está enfrentando algunos riesgos para la salud que podrían agravarse al abrir las ventanas mientras duerme la siesta, entonces, por supuesto, usted puede evitar esta sugerencia e ir con algo más en nuestra lista de opciones de crianza. Esto también es algo que puede discutir con su médico para averiguar si es adecuado para usted y su hijo.

Lo siguiente que puede añadir a su estilo de crianza cuando trabaje con el estilo de crianza lagom es que debe pasar tanto tiempo como pueda con sus hijos y a la vez mantener un cierto equilibrio. Las familias que viven en Suecia tienen la costumbre de pasar tiempo juntos a menudo, e incluso estarán felices de tomar unas largas y prolongadas vacaciones juntos sin que parezca algo fuera de lo común. Los padres en Suecia pasan mucho tiempo jugando afuera con sus hijos y tienen mucho interés en lo que sucede en la vida de sus hijos.

Esto puede ser bastante diferente de lo que vemos cuando se trata de una familia americana. La mayoría de estas familias pasan mucho tiempo separadas porque los padres están trabajando. Los padres a veces salen con los niños, pero a menudo los niños están solos y son más independientes. Esto es algo que no se vería cuando se trata del estilo de vida lagom y el tipo de crianza lagom.

Por otro lado, también es importante que mantengamos las cosas tan equilibradas y controladas como sea posible, y tenemos que recordar que, aunque pasar tiempo con nuestros hijos es importante, ellos son individuos. Los niños también deben tener, en ocasiones, su propio tiempo privado lejos de sus padres y otros miembros de la familia. Es importante pasar tiempo con ellos, pero respete los límites que sus hijos tienen, dependiendo de su edad.

Recuerde que, en lagom, es aceptable trabajar con guarderías si es necesario. En Suecia es común que los padres envíen a sus hijos a una guardería desde una edad temprana, y no es algo que vaya a ser mal visto cuando se necesite volver al trabajo después de tener un bebé. Las guarderías en Suecia existen en muchas variaciones, y se presentan muchas opciones para que una familia pueda elegir en base a lo que parece ser lo mejor para ellos.

Sin embargo, hay que recordar que, aunque la guardería está bien si es algo que funciona mejor para su hijo, todavía tiene que reservar algún tiempo después del trabajo y de la guardería para pasar un tiempo a solas con su hijo cada día. Esto ayuda a mantener ese vínculo fuerte y asegurará que se satisfagan todas las necesidades emocionales de su hijo, incluso cuando usted pase el día en el trabajo.

Para un verdadero estilo de vida que se considera lagom, los niños necesitan tener algún estímulo para jugar fuera de forma regular. Los padres también necesitan asegurarse de que se involucran todo lo posible en esto y deben estar activos con sus hijos cuando el niño está afuera, o el padre debe permanecer cerca mientras los niños están jugando afuera.

Hay varias razones para esta sugerencia. Puede garantizar que el niño estará seguro mientras juega y que si algo sale mal, habrá alguien cerca que podrá ayudarlo y consolarlo. Si algo sale mal, el padre puede solucionar el problema. Además, pasar tiempo juntos, especialmente al aire libre tanto como sea posible, va a ayudar a toda la familia en muchos niveles, incluyendo el emocional.

Cuando se juega al aire libre, se es más activo y se tiene mucho acceso -o al menos tanto como sea posible- a jugar al aire libre y al sol, esto se va a convertir en una parte muy importante del trabajo con el estilo de vida lagom. En Suecia, no es raro que las familias y sus hijos jueguen al aire libre, sin importar el tiempo que haga; las familias se esfuerzan por jugar, ya sea que esté nevando, lloviendo, haciendo frío, calor, etc.

Como puede ver, trabajar con las ideas de la crianza de lagom va a ser un poco diferente a lo que puede estar acostumbrado cuando trabaja con otras formas de crianza. En realidad no es híper-padre porque reconoce que el niño necesita tener cierta independencia y se le debe permitir hacer las cosas por sí mismo, sin un padre encima todo el tiempo. Dicho esto, también da otra oportunidad para que el padre y el niño se vinculen, ayudando a crear una unidad familiar cercana. Es importante y solo se fortalecerá cuando la familia pueda pasar algo de tiempo juntos y trabajará para alcanzar un objetivo común.

Esto es algo que va a parecer un poco extraño y difícil de comprender para muchas familias americanas. Parece que vamos entre los dos extremos en muchas de las cosas que hacemos. Un padre a menudo está encima de su hijo y está ahí todo el tiempo, sin darle tiempo al niño para ser un individuo. Por el contrario, los padres americanos van al otro extremo, nunca están cerca del niño, casi nunca pasan tiempo con él. La idea de la paternidad lagom va a ayudarnos a encontrar un intermedio feliz que se produce entre los extremos de este espectro -que puede ser beneficioso para los padres y para el niño.

No importa si pasa tiempo en el trabajo o se queda en casa con su hijo, es importante que pase algún tiempo como unidad familiar cada día. Vayan al parque y pasen algún tiempo jugando. Hagan proyectos de arte o alguna otra artesanía juntos durante algún tiempo. Tomen unas vacaciones más largas juntos, siéntense y disfruten del tiempo que pasen juntos.

Por la misma razón, también es aceptable -y recomendado- dejar a su hijo libre alguna vez. Si su hijo quiere establecer un límite o busca hacer algo que requiera que esté solo en ocasiones, entonces está bien. No tiene que estar conectado a la cadera de su hijo todo el tiempo. Solo tiene que hacerle saber que siempre está ahí para amarlo, apoyarlo y que es su mayor fan. Reconocer que tendrá y tiene su propia vida -y que quieren disfrutar de esto también- puede asegurar que sepa que tiene ese apoyo, mientras sigue siendo capaz de crecer y desarrollarse por su cuenta.

El estilo de crianza del lagom es muy diferente al que muchas familias en América pueden estar acostumbradas en el momento en que leen esto. Requiere un buen equilibrio entre lo que la familia hace en conjunto, y lo que el niño es capaz de hacer por sí mismo. Como hemos dicho antes, la mayoría de las familias en Estados Unidos parecen estar en un extremo u otro del espectro: o bien están de acuerdo en dar al niño toda la independencia que quieren sin que la familia pase un tiempo de calidad juntos, o serán híper-padres que nunca dejan que sus hijos crezcan, exploren y maduren por sí mismos.

Encontrar un punto medio feliz entre esto puede ser difícil. Usted quiere ser capaz de tener ese tiempo de calidad de vinculación como una familia, sin muchas distracciones y otras cosas pasando, y quiere asegurarse de que su hijo tiene una buena base para volver a cuando necesitan amor y apoyo. Pero también tiene que mezclar esto con el deseo de su hijo de ser un individuo y tener realmente la oportunidad de despegar y hacer sus propias cosas. No hay una respuesta correcta o incorrecta aquí. Pero aprender cuál es el equilibrio entre su familia y su hijo va a marcar la diferencia.

Solo recuerde que debe asegurarse de que, tanto si está en casa todo el día con su hijo como si trabaja fuera de casa y necesita enviarlos a otro lugar durante el día, *su trabajo es pasar algo de tiempo con su hijo.* La cantidad de tiempo que se necesita va a variar en función de la familia, pero no crea que un rápido "hola" al final del día será suficiente. Tiene que ser un tiempo de alta calidad en familia -ya sea un paseo juntos, hacer la cena juntos, hablar, leer, o hacer otra cosa en la que nadie más va a poder interrumpir y meterse en medio.

Durante el resto del día, está bien si el niño quiere ser un poco independiente y hacer algunas de las cosas que quiere, por su cuenta. Puede que quiera pasar tiempo con sus amigos; puede que quiera practicar un deporte u otro tipo de actividad. Alternativamente, puede que solo quiera tener algún tiempo a solas al final del día para dedicarse a sus propios hobbies y tener algo de tiempo a solas. Permitir este individualismo, junto con algo de brazos abiertos para que el niño se sienta amado y apoyado también puede ser muy importante.

Este equilibrio es algo que es difícil de hacer y mantener todo el tiempo. Pero con el tiempo, y con un poco de paciencia en el camino, descubrirá que es más fácil de manejar. Usted y su familia tienen que pasar algún tiempo averiguando qué es lo mejor para usted. Tal vez a usted y a su familia les guste pasar más tiempo juntos, y solo un poco de tiempo como individuos haciendo sus propias cosas. Alternativamente, tal vez le gusta pasar más tiempo haciendo cosas individualistas y luego reunirse por la noche para compartir y ser una familia.

Recuerde siempre que la experiencia del lagom no va a ser la misma para todos los que decidan usarlo. Algunas personas tomarán un camino diferente al que usted puede haber considerado para sí mismo. Esto no significa que su método de uso del lagom sea mejor o peor que el suyo. Añadiendo algunos de los trucos de crianza del lagom y aprendiendo cómo puede vivir realmente una vida feliz y satisfactoria con sus hijos puede cambiar la forma en que ve la crianza de sus hijos.

Capítulo 9: El lagom en su vida sentimental

¡Incluso es posible poner algún lagom en su vida sentimental! Este es un lugar donde a mucha gente le gustaría ver alguna mejora, pero es difícil encontrar el equilibrio correcto cuando se empieza una nueva relación. Puede que esté ocupado impresionando a la otra persona lo suficiente como para que esté dispuesta a salir con usted y empezar una nueva relación; esto no le deja mucho tiempo para gestionar todas las demás cosas que suceden en su vida al mismo tiempo.

Es un gran acto de equilibrio hacer que todo funcione de la manera que le gustaría, e incluso cuando se inicia una nueva relación, no quiere quedarse atrapado en la trampa de que una cosa se haga cargo de todos los demás aspectos. Además, con las ideas que vienen con el lagom, descubrirá que es capaz de manejar esto un poco mejor, dándole una mejor oportunidad de romance, y también una mejor relación sentimental en general.

Tengan citas sencillas

Hoy en día hay demasiada gente -gracias a las redes sociales y a otros aspectos que nos rodean- que tratan de competir todo el tiempo. Tienen que tener las mejores citas, conseguir los anillos más grandes, y hacer las acrobacias más atrevidas, solo para impresionar a alguien e incluso empezar la cita, más todo lo que necesitan hacer para el resto de la relación.

Si todo esto ya le agota, y el simple hecho de tener que seguir proponiendo nuevas ideas y cada vez de más envergadura sobre cómo impresionar a los demás y mantener la relación, entonces el lagom puede ser lo correcto para usted. No hay nada malo con un gran gesto en ocasiones, pero a menudo los mejores grandes gestos son los pequeños que significan más para ustedes como pareja. Cuando deje de lado la idea de hacer todas esas grandes cosas que cree que necesita hacer por la otra persona, centrándose solo en ustedes dos como pareja, se dará cuenta de que es mucho más fácil tener una relación más profunda y significativa.

Esto también puede llegar hasta el tipo de citas que tiene. Aunque un restaurante elegante puede ser agradable a veces, tener que hacer lo mejor y más grande cada vez es agotador y caro. ¿Por qué no dar un paseo y hacer un picnic, o incluso tener una buena cita nocturna en casa con comida casera y una buena película? Esto ayuda a quitarles algo de presión a ambos y puede ser una gran manera de hablar y conocerse.

Recuerde que con lagom se trata de un equilibrio y de cómo los dos pueden crear una posible nueva vida juntos como pareja. Además, si empiezan a estar desequilibrados en primer lugar, será aún más difícil recuperar el equilibrio más adelante en la relación.

Hagan cosas que ambos disfruten

Mientras trabajan en desarrollar una nueva relación, es importante que aprendan a hacer cosas que ambos disfruten. ¡No quiere ser el único que se divierta en todas las citas o en las otras cosas que hacen! Tampoco quiere ser el único que se aburre en el camino. Cuando los dos hacen cosas que ambos disfrutan, es mucho más fácil divertirse y crear un vínculo duradero que es tan bueno para la relación.

Esto puede incluir, a veces, salir de su zona de confort y probar algo nuevo. Tal vez cada uno de ustedes se turne para elegir la actividad y hacer que la otra persona lo acompañe. Sin embargo, aún es necesario que haya un equilibrio para asegurar que ambos reciban la atención y tengan la oportunidad de hacer lo que quieran. Si una persona de la relación se hace cargo y controla todas las citas y todo lo que sucede en cada una de ellas, entonces hay un gran desequilibrio que se va a manifestar en esa relación, y gran parte del lagom que está tratando de crear en su vida, así como en esta relación, va a comenzar a fallar.

Tómense un tiempo para el otro

El siguiente consejo se refiere al hecho de que deben tomarse un descanso y hacer cosas por su cuenta en ocasiones. Este consejo va a revelar cómo es tan importante asegurarse de que están programando el tiempo para cada uno. Ninguna relación crecerá o prosperará si uno o ambos están tan ocupados con otras actividades de su vida que nunca podrán pasar tiempo juntos.

Esto es a veces difícil de hacer en nuestro mundo moderno, y a menudo se puede sentir como si estuviéramos equilibrando un millón de platos a la vez. Sin embargo, si es necesario, saquen sus agendas y anoten una hora, como lo harían con cualquier otra reunión importante. Ya sea que necesiten hacer esto una vez a la semana o unas cuantas veces dispersas cuando les funcione, apartar algún tiempo en el calendario les asegurará que se van a ver realmente.

Su relación también tiene que encajar en la balanza con lagom en ocasiones. Incluso si no queremos que suceda, a veces las otras distracciones del mundo y las otras cosas de las que tenemos que ocuparnos regularmente nos van a hacer caer y pueden hacer que sea difícil hacerlo. Es muy importante que una relación crezca y florezca pasando tiempo juntos, así que empiece a agregar esto como algo importante que debe suceder en su propia relación hoy para mantener ese equilibrio de lagom.

Entienda que "Tiempo a solas" está bien

Cuando se entra en una relación romántica, a veces es fácil dejarse llevar un poco y querer pasar todo el tiempo libre con la otra persona. Quiere hablar con la otra persona todo el día, quiere llamarle, piensa en ella en el trabajo, y no puede esperar a bajar e ir a pasar más tiempo con esa persona. Aunque esto es algo que comúnmente sucede con el nuevo amor, tenemos que darnos cuenta de que está creando un desequilibrio que no es bueno para nadie.

Piense en lo mucho que se está perdiendo en las otras partes de su vida. Es probable que su trabajo esté sufriendo porque todo lo que puede hacer es pensar en esta otra persona. Sus amigos y familiares están siendo rechazados y pueden sentirse un poco descuidados como si no fueran tan importantes como lo es esta nueva persona, y también pueden sentirse un poco dejados de lado y abandonados. Aunque probablemente esto no es lo que quería hacer, es algo que puede suceder si no tiene cuidado.

Esto no significa que pasar tiempo con el nuevo interés amoroso en su vida sea algo malo. De hecho, es necesario para que la relación crezca y florezca de la manera que a ustedes les gustaría, y para que ambos aprendan un poco más el uno del otro. Sin embargo, cuando se vuelve obsesivo e incluye que los dos solo pasen tiempo juntos, entonces se está creando un desequilibrio que definitivamente no es parte del lagom.

Es perfectamente normal tomarse un descanso del otro en ocasiones. Sí, se aman y disfrutan pasando tiempo juntos, pero hay otras cosas en su vida que también deben equilibrar, incluso cuando están casados. Necesitan pasar tiempo con sus padres y hermanos, y tal vez incluso con otros amigos. Puede que en alguna ocasión necesite ir a una función de trabajo por su cuenta. Tal vez quiera tomarse un tiempo para realizar un hobby o simplemente hacer algo por su cuenta y pensar en lo mucho que anticipará cuando finalmente sea el momento de que usted y su pareja vuelvan a estar juntos después de la breve pausa.

Vayan a una velocidad que sea adecuada para ambos

A veces, estamos tan atrapados en el romance que queremos saltar y aprovechar al máximo para mover las cosas demasiado rápido. Cuando ambas partes quieren hacer esto y han decidido que es el mejor curso de acción para ambos, entonces está bien, y puede seguir adelante. Recuerde que *lo suficiente* puede ser diferente para cada persona, y para cada pareja también. Tal vez moverse más rápido en la relación es lo que funciona y es suficiente para esta pareja. Tal vez no.

Sin embargo, usted está trayendo a dos personas a la relación, y aunque lo suficiente puede ser rápido (o incluso lento) para una persona, puede no ser suficiente (o demasiado) para la otra. En una relación, se deben tener en cuenta los sentimientos de ambas partes. Si presiona a alguien para que se mueva más rápido y esa persona no se siente cómoda con ello, entonces esto va a causar algo de estrés y ansiedad en el proceso. Por otro lado, si está frenando a alguien, a pesar de sus esfuerzos por esperarle, esto también puede causar algunos de los mismos problemas en el proceso.

Es por eso que ambas partes necesitan estar de acuerdo, y el lagom puede ayudar. Es muy importante dedicar tiempo a hablar honestamente sobre lo que es valioso para usted en la relación y sobre dónde cree que la relación debe ir en diferentes etapas. Además, tener una mente abierta a lo que la otra persona está diciendo también va a ser crítico. No es suficiente con decir su parte, y luego esperar que la otra persona esté de acuerdo. Cuando ambas partes puedan tener una mente abierta y prestar atención a lo que dice la otra persona, descubrirán que esto mejora su relación y la hace más fuerte. Pueden trabajar juntos para encontrar justo lo que es bueno para ambos, haciéndoles capaces de dejar el estrés atrás, crecer y desarrollar una relación fuerte y duradera juntos.

Incluso las relaciones que tiene con otras personas, y en su vida romántica, pueden usar las ideas de lagom. Pueden pasar un buen rato juntos y construir un buen noviazgo con la ayuda de la filosofía de lo suficiente, en lugar de ir más allá y tener que preocuparse por cómo impresionarlos, cuánto está costando y demás. Además, a largo plazo, va a crear relaciones más felices y duraderas en general.

Capítulo 10: ¿Puede Lagom ahorrarle dinero?

Es posible que el lagom -si se utiliza de manera adecuada- incluso le ayude a ahorrar algo de dinero. Esto puede parecer un poco extraño y puede sonar como una afirmación descabellada. Sin embargo, cuando aprenda a vivir con lo suficiente, en lugar de con demasiados excesos, le va a permitir arreglárselas con menos, y solo eso le ahorrará dinero.

La idea del lagom es no pasar por su casa y tirar todo hasta que solo tenga un par de ropas y unos cuantos platos con los que trabajar. La idea es aprender a tener un buen equilibrio con las cosas. Puede comprar cosas, pero cómprelas porque le traen felicidad y satisfacción, en vez de porque se siente celoso de que alguien más las tenga o que un anuncio le convenza.

Hay varias maneras en que el proceso de lagom va a ser capaz de ayudarle a ahorrar dinero, y son bastante simples. De hecho, con solo seguir algunos de los otros consejos en los que ya hemos pasado algún tiempo en esta guía, podrá trabajar con el lagom de una manera que le ayude a ahorrar dinero. Algunos de los otros métodos que puede implementar en su vida diaria y que asegurarán que el lagom sea usado apropiadamente y le ayudarán a ahorrar algo de dinero incluyen:

Comprar menos cosas

Con lagom, va a aprender a comprar menos cosas. No tiene que renunciar a todo lo que quiere comprar, y no tiene que vivir su vida como un ermitaño para abrazar los ideales de lagom. Dicho esto, requiere que aprenda a vivir con lo que necesita, en lugar de tener un montón de cosas que ni siquiera le traen felicidad y que terminan desordenando su casa, haciendo un desastre.

Es difícil aprender a vivir con menos en nuestra sociedad. Más parece mejor y cuanto más tiene, más puede impresionar a los demás y hacer que le presten atención. Esto solo resulta en desorden en toda la casa, y ese desorden ha demostrado causar ansiedad y depresión. Solo recuerde que tener todas esas cosas significa que tiene que pagar por ellas, mantenerla, almacenarla; si paga con crédito, tiene grandes cuentas y muchas deudas que pagar. ¡No es de extrañar que tenga que trabajar todo el tiempo!

Ese ciclo tiene que parar. Esto está, por demás, causando que nos salgamos de balance y nos alejemos de la mentalidad de *lo suficiente* que deberíamos tener con el lagom. Esto puede ser difícil, y hay mucha gente -incluyendo el equipo de marketing de las grandes empresas- que trabaja duro para decirnos que necesitamos más cosas. Sin embargo, podemos vivir con menos, y probablemente ser mucho más felices en el proceso.

Comer menos

Lo siguiente con lo que el lagom puede ayudarle a la hora de ahorrar dinero es la idea de que va a comer menos. La dieta americana está llena de mucha comida, y porciones que no están adecuadas al tamaño de cada consumidor, o consisten en opciones saludables como deben ser. Gastamos una gran cantidad de dinero en la comida que comemos; entre la tienda de comestibles y la comida fuera, los bocadillos y todo lo demás, no pasa mucho tiempo antes de que empecemos a ver que mucho de nuestro dinero se va por el desagüe, solo por comida.

Cuando decide vivir el estilo de vida lagom, aprende a comer solo lo suficiente, en lugar de demasiado. Esto por sí solo le ahorrará dinero porque le ayuda a aprender a eliminar el exceso de comida que consume y a concentrarse más en comer lo que quiere. Piense en lo pequeña que será su cuenta de la tienda de comestibles cuando pueda implementar esto en su propia vida.

Además, con el lagom, es menos probable que salga a comer fuera tan a menudo, aunque todavía puede hacerlo en ocasiones. Sin embargo, su objetivo es ser más responsable con su dinero y hacer las cosas de acuerdo a *lo suficiente*. Por lo tanto, comer fuera de casa regularmente, o todo el tiempo como muchos americanos, estaría fuera de balance; necesita dejar de hacer esto por completo. Solo esto podría ahorrarle bastante dinero, especialmente si usted y su familia pasan mucho tiempo comiendo fuera durante la semana.

Aprenda a gastar solo en lo que es importante

Una de las mejores cosas que va a aprender cuando empiece a implementar el lagom en su vida es a gastar su tiempo y dinero en SOLO las cosas que son importantes. El lagom es un poco diferente del minimalismo, ya que los ideales del lagom no se centran en deshacerse de todo; el enfoque del lagom es vivir con menos. Ciertamente tratará de reducir el tamaño cuando pase por este tipo de proceso, y aprenderá a no comprar tanto en el futuro, pero el enfoque no es bajar al mínimo. Se trata más bien de encontrar un equilibrio entre comprar para llenar un vacío y comprar cosas que le hagan feliz.

Por ejemplo, digamos que usted es un ávido lector. Uno de sus pasatiempos es leer, y le encanta elegir un nuevo libro, aunque sea de una librería de segunda mando. Disfruta hojeando las páginas para ver lo que hay. Tal vez decida recortar algunas de las otras cosas, como comer fuera, tener el último aparato de tecnología o algo más, y gastar un poco más en algunos de los libros que quiere leer.

Alternativamente, tal vez le gusta viajar y crear recuerdos con su familia. Por lo tanto, elige dejar de comer fuera, y mantiene todo al mínimo para que pueda permitirse viajar tanto como quiera. El truco aquí es no privarse de todo, todo el tiempo. La clave es encontrar lo que es importante para usted, y lo que va a hacer su vida un poco más feliz.

Nadie va a pasar por este proceso de la misma manera. Puede que a usted le gusten los libros, mientras que a otra persona le gusta viajar, y a otra persona le gusta pintar, escuchar música o hacer otra cosa. Tiene que hacer lo que es importante para usted. Tal vez quiera tomarse en serio sus deudas, recortando todo lo posible y trabajando para pagarlas. *Lo suficiente* va a ser diferente para cada uno. Recortar algunas cosas y gastar un poco en las cosas que son más importantes para usted puede hacer algunas maravillas para ayudarle a ahorrar dinero, especialmente en las cosas que no eran tan importantes para usted en primer lugar.

Aprenda a pagar sus deudas

Mientras estamos en este proceso de adoptar el modo de vida lagom, a menudo se recomienda que aprenda a reducir algunas de las deudas que tiene. El estilo de vida americano y la idea de que necesitamos comprar más para ser más felices han provocado ciertamente una gran mella en nuestro crédito, haciendo que nos endeudemos en miles de dólares. Esto es a menudo visto como el modo de vida en este momento; se supone que tenemos deudas. Sentimos que no podemos conseguir un coche, una casa, una educación universitaria, o pagar la Navidad sin tener una tarjeta de crédito y muchas deudas para manejarlo.

La verdad es que podemos vivir sin deudas y sin tarjetas de crédito. Simplemente necesitamos aprender a trabajar con *lo suficiente*, en lugar de vivir con excesos. ¿Necesitamos ir a una universidad privada de cuatro años y tomar cuatro o cinco años para estudiar, o podríamos ir a una universidad pública del estado -o incluso una escuela técnica- y ahorrar dinero? ¿Podemos encontrar maneras de mantener nuestro coche durante un poco más de tiempo y ahorrar para un buen coche, en lugar de tener que comprar el último modelo de coche que acaba de salir al mercado? ¿Necesitamos gastar miles de dólares en la Navidad, o podemos hacerlo por mucho menos, dando regalos que sean más personales y más significativos?

Cuando trabaja con sus gastos y su presupuesto a través de lagom, aprende que fácilmente se puede ser feliz con menos, y no tendrá que gastar tanto dinero. Además, esto puede darle algo de dinero extra para abonar a la deuda de forma regular. Antes de que se dé cuenta, su actitud y forma de vida *suficiente* han ayudado a pagar algunas de las deudas que tiene, facilitándole el ahorrar un buen dinero, viajar más y disfrutar más de la vida que tiene.

Aprenda a ignorar el comercialismo

Ignorar el comercialismo de ahí fuera va a ser una de las cosas más importantes -aunque una de las más difíciles- que tiene que hacer cuando se trata de implementar el lagom en su vida y asegurarse de que puede usar esta idea para ayudar a ahorrar algo de dinero. Este comercialismo está a nuestro alrededor. Vemos comerciales y anuncios que dicen que necesitamos conseguir este u otro producto para sentirnos felices. Vemos a nuestros vecinos y familiares comprando algo que puede hacernos sentir un poco celosos. Incluso podemos ver cosas en las redes sociales, como gente que consigue una nueva casa, se va de vacaciones y más, y nos sentimos celosos, lo que nos lleva a creer que también necesitamos hacer algunas de las mismas cosas.

Esta es una mentalidad peligrosa. Estas cosas no nos van a hacer felices en absoluto y solo van a hacer que nos sintamos como si siempre estuviéramos atrasados. Podemos obtener un poco de felicidad al principio con esas cosas, pero no pasará mucho tiempo antes de que esa felicidad desaparezca, y estamos buscando el siguiente nivel. Antes de que nos demos cuenta, vamos a tener una casa llena de cosas, un montón de desorden, y tenemos que trabajar más y más para pagar las deudas que asumimos por esos artículos.

Esto no nos va a llevar a la felicidad que queremos, y como está añadiendo más estrés por todo el trabajo extra que tenemos que hacer, podemos decir que esta idea de consumismo no va a ser la mejor para nuestras necesidades. Tenemos que aprender a eliminar algunas de las cosas que van a tratar de hacernos retroceder. Ya sea que aprendamos a reducir el consumo de las redes sociales, apagar la televisión y no ver todos esos comerciales, dejar las revistas o aprender a llenar un diario de satisfacción (diseñado para ayudarnos a sentirnos más felices con las cosas que ya tenemos en la vida) tenemos que aprender a eliminar parte de ese consumismo y vivir con *lo suficiente*.

Aprenda la diferencia entre un "querer" y un "necesitar"

Otra cosa que puede aprender más cuando decida implementar el estilo de vida lagom es la idea de un deseo y de una necesidad. Estas son dos ideas diferentes; una necesidad es algo como la comida que come y el hogar en el que vive. Un "deseo" es todo lo demás, como la ropa especial que quiere tener, los libros, el coche caro, y más.

Lagom no le pide que se deshaga de todo lo que tiene y que nunca compre nada. Sin embargo, puede ayudarle a ahorrar dinero porque le permite aprender lo que realmente necesita, en lugar de salir y comprar cosas porque lo vio en un anuncio, o porque un amigo tiene ese artículo, o por alguna otra razón. ¡Esto puede ayudarle mucho!

Primero, va a ahorrar dinero. Cuanto menos salga y compre, más dinero ahorrará. Cuando deje de gastar dinero en artículos que ni siquiera necesita, no solo le ayudará a ahorrar algo de dinero, sino que le asegurará que podrá disminuir la cantidad de desorden en su casa, dándole también más paz y felicidad en el proceso.

Nuestra sociedad consumista no siempre será la más fácil de combatir. Nos engañan pensando que muchas de las compras que hacemos en realidad llenan nuestras *necesidades,* cuando en realidad solo son "deseos". Esto puede hacer que sea difícil mantenerse al día con todos los diferentes productos y compras que creemos que debemos tener, y esto hace que la vida sea difícil de trabajar a veces. Sin embargo, establecer algunos objetivos, y recordar la idea de lagom y "lo suficiente" puede ser una buena manera de ayudar a estar preparado a lo largo del camino.

Es posible usar el lagom para ayudarle a ahorrar dinero, siempre y cuando esté dispuesto a luchar contra parte del comercialismo que nos rodea a todos. Es posible vivir una vida muy feliz y productiva si aprendemos a vivir con lo suficiente en lugar de pensar que necesitamos todas las cosas más recientes y grandes todo el tiempo. Esto es difícil de hacer a veces, especialmente en una sociedad en la que se considera que más es lo mejor. Cuando se practica el lagom, se puede soltar esta trampa, la trampa de comprar más artículos, luego tener que trabajar duro para pagar esos artículos que ya no traen alegría o felicidad después de un corto período de tiempo, y luego hacerlo todo de nuevo. Cuando usa el lagom para ayudar a regularse y tomar solo lo suficiente para ayudarle a sentirse más feliz y más completo, definitivamente puede ahorrar dinero y al mismo tiempo mejorar su calidad de vida.

Capítulo 11: ¿Qué pasa con los hobbies que se consideran lagom?

El siguiente tema que tenemos que ver cuando hablamos de lagom para ayudar a mejorar su vida es cómo puede afectar a sus hobbies. Aunque se tome un tiempo para relajarse y hacer los hobbies y otras actividades que le hacen feliz, sigue siendo importante que pueda añadir algo de lagom para que pueda lograr un buen nivel de equilibrio en conjunto. Puede que incluso decida que quiere dedicarse a algunos nuevos hobbies que se consideran lagom, especialmente si siente que algo con lo que pasa el tiempo ahora no está del todo bien o no le está dando la felicidad que desea.

Siempre tenemos que recordar, a medida que pasamos por este proceso, que el lagom va a consistir en encontrar un equilibrio. Ya sea que este equilibrio esté en nuestra vida laboral o con nuestra familia y amigos, e incluso con nuestros hobbies, es muy importante añadirlo a nuestras vidas tanto como sea posible. Encontrar el mejor tipo de equilibrio que podamos entre el trabajo, el tiempo con nuestros amigos y la familia, y el tiempo que pasamos haciendo algo que nos gusta es muy importante. ¡Nuestros hobbies van a ser una parte muy importante de todo esto!

No importa lo que le guste hacer como hobby, es importante que se asegure de mantener el equilibrio cada vez que intente disfrutar de ese hobby. A veces es tentador pasar todo el tiempo libre en el hobby, pero esto tampoco es bueno para usted. Es mejor elegir una variedad de actividades que le ayuden a crear una verdadera cantidad de equilibrio en su vida. Tampoco quiere llegar tan lejos como para concentrarse en el trabajo y nada más, descuidando el darse mucho tiempo para disfrutar de todos esos hobbies que le gustan.

Si puede, debería considerar atraer a otros al hobby que ama. Puede animarlos a que hagan el hobby con usted, hacer algunos nuevos hobbies con ellos para aprender algo que tal vez no haya considerado antes, o incluso simplemente mostrarles en qué ha estado trabajando. Cuando puede compartir un pasatiempo con otra persona, puede equilibrar el hacer su pasatiempo con pasar tiempo con aquellos que aprecia y ama. Esta es una manera fantástica de añadir un poco más de lagom a su vida.

Otra cosa a considerar aquí es que su trabajo nunca debe llegar al punto de convertirse en su hobby. Mucha gente, especialmente aquellos que son dueños de su negocio o que trabajan desde casa, tienen dificultades para separar el trabajo y el hobby, y a veces estos se van a convertir en lo mismo. Esto puede ser tentador y fácil de hacer, pero hay que trazar algunas líneas claras cuando se trata de lo que es su trabajo y cuáles son sus hobbies.

Un hobby es algo que realmente disfruta haciendo, algo que le da mucha alegría y felicidad, no algo que le va a traer mucho estrés. Si se toma el tiempo para hacer su hobby y se siente estresado al hacerlo -o mientras lo hace- entonces tal vez este no sea el hobby correcto para usted. Es hora, cuando el estrés le golpea, de dar un paso atrás y buscar otro tipo de pasatiempo que pueda hacer mientras procesa emocionalmente la fuente del problema.

Encontrará que este proceso de separarse del estrés y de los problemas emocionales que vienen con sus hobbies, en realidad le está mostrando que sus hobbies se están convirtiendo inadvertidamente en su trabajo. Es por eso que es tan importante separar estos dos de los demás. Necesita tener una buena cantidad de equilibrio entre las diferentes partes de su vida y centrarse en tener el hobby y su trabajo, ya que lo mismo no va a lograr este equilibrio en absoluto.

Por supuesto, tenemos que recordar siempre que cuando elegimos los hobbies que vamos a insertar en esta parte de nuestras vidas, necesitamos tener algunos de los hobbies de relajación incluidos en la mezcla. Puede que le interese hacer algunas opciones diferentes a esta, pero si trabaja con uno de los viejos hobbies familiares, puede que descubra que esto no solo le aporta diversión, sino que también le ayuda a relajarse un poco en el proceso.

Por ejemplo, si le gusta construir cosas, puede probar con la carpintería. Puede empezar a dibujar o pintar si sientes que quiere ser creativo. También puede optar por algo como el ganchillo, la costura o el tejido de punto si quieres tener un hobby divertido y fácil de llevar a cualquier parte. A veces estas opciones parecen anticuadas y aburridas, pero cuando se trata de un estilo de vida de equilibrio y de añadir un poco de relajación a su vida, son buenas opciones a tomar en cuenta.

La buena noticia aquí es que puede tener un control completo sobre lo que añade a su estilo de vida y qué tipo de pasatiempos disfruta. Si ninguna de las sugerencias anteriores le parece que le va a funcionar bien (o no puede hacerlas), entonces no se estrese. Elija un pasatiempo que le funcione. El objetivo es hacer algo que le guste, algo que le haga disfrutar y que no se estrese en el proceso. Si es capaz de hacer esto, entonces cualquier pasatiempo que elija estará bien.

Al elegir el tipo de pasatiempo con el que quiere trabajar, recuerde que debe ser frugal. ¡Es tan fácil gastar de más cuando se empieza un nuevo hobby! El punto de trabajar en este hobby es para que se divierta y también para mantener la filosofía de *lo suficiente*. No quiere endeudarse mucho para empezar con el nuevo hobby o para reiniciar uno de los hobbies que ya está haciendo. Si le preocupa equilibrar su presupuesto y hacer que un nuevo hobby encaje porque cuesta miles de dólares o más, entonces esto va a añadir estrés a su vida y no será la mejor opción para un estilo de vida lagom.

Está bien gastar un poco de dinero en el hobby para empezar, pero mantenga esto al mínimo, y sea atento y cuidadoso con lo que gasta. Usted no quiere nada no deseado en su vida, así que va a ser imperativo que usted considere cuidadosamente los gastos involucrados con su hobby. Esto es parte de la forma de vida de lagom, y sus hobbies tienen que ser mantenidos al mismo nivel que las otras partes de su vida, como se discute en esta guía.

Recuerde que el lagom es todo sobre el equilibrio y *lo suficiente*. Su hobby necesita traerle felicidad, paz y relajación tanto como sea posible. Gastar mucho dinero en el hobby y estresarse por lo que le va a costar no le ayudará a alcanzar la cantidad de felicidad y satisfacción que está buscando. Es tan malo como elegir un hobby que no es agradable o adecuado para sus necesidades.

Sí, es posible que disfrute y escoja un hobby que sea más caro, como coleccionar autos clásicos, pero aun así necesita tomarse el tiempo para encontrar maneras de limitar los costos, y crear un presupuesto y cumplirlo cuando haga cualquier compra. Esto es parte de su nueva vida de lagom. No quiere endeudarse mucho por su hobby y luego tener que trabajar más y desequilibrar todos los demás aspectos de su vida solo por esta parte.

Por ejemplo, tal vez usted aparta un poco de sus ingresos cada mes para comprar los suministros que desea para este hobby. Alternativamente, tal vez decida que no necesita tener todos los artículos relacionados con su hobby que van con él. Puede llevarse algunos de los artículos más básicos y estar listo. Si siente que necesita uno de los artículos para el hobby, considere escribirlo y luego espere una o dos semanas. Luego vuelva a esa lista y vea cómo se siente al comprar el o los artículos. Es posible que pueda tachar algunos artículos de la lista, dándose cuenta de que no son tan importantes, y que realmente no los necesita para trabajar en ese hobby.

Tampoco se preocupe demasiado por esta parte: Recuerde que no quiere que este hobby le estrese por no ser divertido o porque los precios le quiten demasiado de sus ingresos. Concentrarse en algo que disfrute, y en algo que pueda alejarlo de algunas de las preocupaciones y el estrés que provienen del trabajo y de otros aspectos de su vida puede ser muy importante para añadir el equilibrio que requiere el lagom.

Hay tantos pasatiempos que puede elegir para añadir a su estilo de vida y disfrutar, que tiene sentido añadirlos a su vida y realmente tomarse un tiempo para usted mismo. Esto puede parecer extraño o inusual en la cultura americana, pero tomarse tiempo para uno mismo no es una acción egoísta. Hacer esto puede ayudarle a mejorar algunas de las otras relaciones con las que se puede encontrar. Tómese un tiempo para descubrir cuáles son sus hobbies y vea lo bueno que puede ser esto para su propia vida y también para añadir lagom.

Lagom puede llegar a todos los diferentes aspectos que vienen con su vida, y esto va a incluir los hobbies con los que usted quiere trabajar. Escoger hobbies que le traigan mucha alegría -e incluso los que se pueden hacer con otros que conoce y ama- puede ser muy importante para ayudare a cumplir con su vida, reducir el estrés, y añadir más felicidad de la que puede obtener de su vida laboral o de otras áreas. Aunque tomarse un tiempo para uno mismo puede parecer egoísta y difícil de manejar en la cultura americana, en realidad es muy bueno para usted. Siguiendo algunos de los consejos y sugerencias de esta guía, podrá disfrutar de sus hobbies de la manera lagom.

Capítulo 12: ¿Puedo añadir el lagom a mi vida con mascotas?

Tener una mascota en su familia puede ser una gran experiencia. Ya sea que haya tenido esta adición familiar durante mucho tiempo, o que se trate de un animal que acaba de introducir en la familia, una mascota puede traer mucha diversión, mucho amor, mucha felicidad, e incluso mucha paz. Además, tener una mascota puede ciertamente ser parte del estilo de vida de lagom, si así lo desea. Al considerar a su mascota, tome decisiones inteligentes sobre cómo va a manejar a la mascota, las cosas que le dará, cómo y qué le dará de comer, esos costos, así como otras consideraciones. Ya sea que su mascota sea un perro, un gato, un pez o algún otro, las sugerencias de este capítulo le permitirán disfrutar al máximo de este amigo de la familia, mientras continúa viviendo el estilo de vida lagom a diario.

Incluso cuando se trata de un miembro peludo (o escamoso o plumoso) de su familia, es posible añadir algunas de las ideas que vienen con el lagom. Las mascotas tienden a traer mucha alegría, pero también pueden traer algo de estrés a su vida en ocasiones. Tenga esto en mente mientras revisan algunas de las sugerencias que vamos a mencionar a través de este capítulo para que pueda aprender los mejores métodos de incorporar el lagom en la forma en que trata y mantiene a sus mascotas.

Al igual que con algunas de las ideas de las que hablamos antes sobre la crianza de los hijos, usted es capaz de crear un buen equilibrio en su vida; considere esto también para sus mascotas. La forma adecuada en que debe disciplinar y entrenar a una mascota puede ser difícil de acordar para todos, pero en muchos casos, es mejor practicar la recompensa del buen comportamiento en sus amigos peludos. Adquirir este tipo de hábito desde el principio, cuando se lleva a la mascota a casa, puede ayudar a equilibrar mucho su comportamiento, y puede traer un poco más de calma a toda la casa. Además, cuando las otras personas de la casa pueden estar tranquilas y calmadas alrededor de la mascota, esto también puede traducirse en la personalidad de su mascota, haciendo la vida mucho más fácil.

Teniendo esto en cuenta, es hora de considerar algunas de las otras cosas que podrá hacer para manejar a su mascota y realmente disfrutarlas, en lugar de preocuparse por que sea demasiado activa o añada más estrés a su vida. Lo primero que puede hacer aquí es salir y disfrutar de la naturaleza con su mascota. Esto es especialmente importante si tiene que pasar algún tiempo en el trabajo; su mascota puede sentirse un poco descuidada durante esas largas ausencias.

Pasar un poco de tiempo en un paseo o al aire libre con su mascota le ayuda a ambos a disfrutar de la naturaleza y le permite tomar un poco de aire fresco al mismo tiempo. Pasear a su perro es una gran actividad para ambos porque le ayuda a usted y a la mascota a establecer un vínculo, le hace salir al aire libre y puede animarle a ser más activo. El perro o el gato (o el hurón, o lo que sea) también va a disfrutar de esto porque pueden pasar tiempo con usted, mientras que también queman algo de esa energía extra que tienen por estar atrapados dentro todo el día.

Ahora bien, hay veces en que un perro u otra mascota con la que está tratando se topa con algunos problemas de comportamiento;

esto es de esperar. Si se trata de algo con lo que ha estado lidiando con su mascota -especialmente cuando se trata de destruir objetos y masticar cosas que no deberían- la mayoría de los terapeutas que trabajan con el comportamiento de las mascotas le animarán a empezar paseando al perro a diario, justo cuando llegue a casa si es posible.

La razón por la que esto tiene tanto éxito es que a menudo el perro se comporta así porque o bien quiere más atención, o bien porque quiere ser capaz de sacar algo del exceso de energía que tiene por estar atrapado dentro todo el día. El paseo va a ayudar con ambos o cualquiera de estos dos problemas, y se sorprenderá de la gran diferencia que esto va a hacer en el comportamiento de su mascota.

Si está trabajando con un gato que se queda dentro o con otro tipo de mascota que no es capaz de salir al exterior, hay pasos que puede dar para asegurarse de que esta mascota tenga un poco más de naturaleza en su vida. Por ejemplo, si tiene una pecera u otro recipiente con una tortuga, serpiente o lagarto viviendo dentro de ella, podría investigar un poco para encontrar plantas que sean seguras para su mascota y puedan ser puestas en la pecera. Esta es una manera segura y efectiva de traer algo de la naturaleza exterior a los alrededores de su mascota.

Digamos que su mascota es un roedor y no puede salir al exterior o disfrutar de la tierra o las plantas; intente abrir una ventana que esté cerca de ellos por lo menos un rato cada día para que puedan tomar un poco de aire fresco. Solo asegúrese de no hacerlo cuando haga demasiado frío afuera, o cuando podría haber una posibilidad de que la mascota pueda escapar por la ventana e ir a explorar por su cuenta.

Al igual que con las otras partes que vienen con el lagom, tiene que recordar siempre practicar el equilibrio, especialmente cuando se trata de la elección de si debe o no traer a casa una nueva mascota a su familia. Algunas personas encuentran que esto es suficiente para completar su familia y hacer las cosas mucho mejor y más felices. Por otro lado, otros encuentran que es demasiado trabajo y estrés para ellos. Si quiere traer a casa una mascota porque le parece la elección correcta, entonces hágalo. Sin embargo, si trae a casa una mascota porque siente que está obligado a hacerlo, o porque todos los demás tienen una, entonces esto no es lagom. En este caso, es mejor abandonar la idea.

Además, si usted es un gran amante de los animales y siente un peso en su corazón para acoger a cada animal necesitado o perdido que vea, tenga en cuenta que esto no es lagom. Puede que sea algo noble y que muestre su gran corazón, pero va a ser estresante y demasiado. ¡Cuidar de todos esos animales no va a ser *lo suficiente* que el lagom está tratando de promover! Además, considere que esto va a causar tal desequilibrio que su casa será tomada por el desorden, destruida por los animales, y sobrepasada de una manera que no pueda controlar. ¡Esto no suena nada relajante!

Aunque tener una mascota es una forma perfecta de añadir a su familia y puede ser ciertamente la forma de añadir un poco más de lagom a su vida, no es necesariamente algo con lo que quiera ir por la borda. Para algunas personas, es algo que no quiera hacer en absoluto. Aprender lo que es mejor para su familia y tener lo suficiente en términos de mascotas (ya sea ninguna, una o más) puede marcar la diferencia; deben encajar en el estilo de vida lagom que está tratando de construir.

Capítulo 13: El lagom mientras viaja

Otro tema que vamos a pasar un poco de tiempo discutiendo cuando se trata de lagom es la idea de cómo el lagom puede funcionar cuando se trata de viajar. A mucha gente le encanta viajar. Ya sea una visita rápida para ir a ver a un familiar o amigo, o algo que se supone que es una vacación con los niños, o por su cuenta, a algún lugar que es nuevo y emocionante, una vacación puede ser algo que podemos implementar en el proceso de lagom.

Planificar unas vacaciones a veces va a ser una mezcla. Estamos entusiasmados con el viaje y con el lugar al que vamos, pero tratar de planificar todos los detalles, como por ejemplo, dónde alojarse, qué ver, cómo llegar, qué comer y más, puede ser una gran molestia a veces. Planificar todo esto y elaborar un presupuesto para cubrirlo todo -especialmente si se ocupa de usted y de los niños- puede darle un dolor de cabeza y a menudo le hace preguntarse si vale la pena el esfuerzo y el estrés en primer lugar.

La buena noticia es que puede viajar y crear todos esos grandes recuerdos al mismo tiempo. Vamos a sumergirnos y ver algunos de los pasos que puede dar para que esto suceda mientras mantienes su estilo de vida lagom.

Tomar unas vacaciones del trabajo puede ser algo bueno porque ayuda a crear un equilibrio más saludable entre el trabajo y la vida, y para muchas personas se convierte en una experiencia extremadamente relajante. Por otro lado, como ya lo hemos discutido antes, puede ser necesario planificar y ejecutar mucho para que las vacaciones funcionen, especialmente si se trata de un lugar en el que no se ha estado en el pasado. Todo esto se une para ser extremadamente estresante en el proceso.

Viajar, dependiendo de los métodos que utilice para hacerlo, puede ser un momento agotador no solo para usted, sino para toda la familia. Recuerde, el objetivo de esto es tener algún tiempo juntos, para tomar un descanso, e incluso para crear un vínculo con los demás a lo largo del camino. Esto es lo que toda familia quiere cuando decide viajar junta y divertirse un poco, pero a veces, los planes no siempre van a funcionar de la manera que pensamos que deberían, y esto puede crear mucha ansiedad, descontento y, por supuesto, irritación en el proceso. La idea del lagom, si se utiliza de la manera adecuada, puede ayudar a solucionar todos estos problemas y darle las vacaciones familiares con las que sueña.

Practicar el lagom a lo largo de sus viajes, así como durante todo el tiempo que esté viajando, puede ayudarle a mantenerse más concentrado, ayudarle a relajarse y asegurar que también pueda mantener algo de atención plena en su vida. Cuando usted sea capaz de reunir todas estas partes diferentes al mismo tiempo, le ayudarán también a formar algunos recuerdos más fuertes y duraderos de la experiencia y las vacaciones. A continuación se describen algunos de los consejos que puede utilizar para que sus viajes sean más divertidos y relajantes, y para añadir algo de lagom a la experiencia.

Haga algunos planes para mantenerse organizado, pero no se estrese si no puede cumplirlos exactamente por una razón u otra. Las cosas van a suceder en la vida, y no importa cuán bien planifique e intente cumplir con el horario, las cosas no siempre van a resultar como usted desea. Si no añade un poco de flexibilidad a los planes, entonces va a terminar con niños gruñones, ansiedad en usted, muchas peleas, etc., solo por un pequeño cambio de planes.

Por ejemplo, asegúrese de planificar con anticipación el transporte que desea tomar para llegar a su destino, como un tren, un autobús o un avión. También debe tomarse un tiempo para planear con anticipación el lugar de hospedaje, como por ejemplo qué hotel va a usar cuando llegue a su destino.

Sin embargo, incluso estas cosas van a cambiar. El avión puede despegar tarde y usted no podrá llegar a su destino a la hora que había planeado. Por otra parte, puede ser que el hotel que usted quería se llenara demasiado rápido y ahora necesita hacer algunos cambios para llegar al lugar correcto y tener un lugar para dormir. Estresarse por esto porque va en contra de sus planes no va a ser una buena idea y puede empezar a manchar algunos de los buenos recuerdos que está tratando de hacer. No importa cuánto lo intente, las cosas no siempre van a funcionar como quiere, y lo pasará mucho mejor si puede dar un paso atrás y relajarse, en lugar de sentirse funesto y decepcionado porque las cosas no funcionaron.

Aparte de algunas de las necesidades de las que hablamos anteriormente, trate de mantener la mayor parte del horario flexible. Puede ir y hacer algunas cosas como le gustaría, pero dese cuenta de que no necesita estar allí a una hora determinada; deje las cosas abiertas en caso de que alguien esté cansado y necesite un descanso. También es una buena idea permitirse algo de tiempo de descanso durante el día, simplemente tirado junto a la piscina o en la habitación del hotel, para no tener que estar corriendo todo el tiempo.

Ahora bien, puede haber momentos en los que quiera salir del país para hacer sus propias exploraciones y tener más aventura cuando viaje. Antes de partir, tal vez considere la posibilidad de crear un vínculo con toda su familia mientras intenta aprender algunas palabras y frases clave que funcionen en ese país y en su idioma. También puede probar nuevos alimentos en la zona y visitar algunos de los puntos de referencia importantes mientras está allí.

Asegúrese siempre de practicar el tipo de equilibrio correcto, y asegúrese de que todos en el grupo sean respetuosos cuando se trate de visitar culturas que están fuera de la suya. Es posible que no comprenda del todo por qué una cultura querría participar en una práctica, o por qué les gusta cierta comida o vacaciones, pero aun así puede aprender a ser respetuoso y a conocer su cultura, en lugar de causar problemas.

Si planea ir a un destino que va a ser bastante agitado todo el tiempo, como un parque temático importante o una playa bastante concurrida, entonces también debería planear algún tiempo para tomarse las cosas con calma y relajarse en el día. Si puede, reserve un tiempo para que todos puedan alejarse del ajetreo y tomar una siesta como deseen, o incluso que se sienten y lean o escuchen su música favorita en lugar de tener todo ese estímulo.

Sí, estar en un parque de atracciones puede ser muy divertido, y siempre hay un millón de cosas que podrás hacer mientras esté allí. Sin embargo, estas experiencias pueden tener tanta estimulación que le desequilibra, y sus niveles de energía se van a agotar muy rápidamente, mucho más rápido de lo que lo harían en casa. Tener esta pausa para recargar va a ser una gran manera de equilibrarse de nuevo después de todo ese ruido, esos paseos, y todo lo demás que hay en el parque de atracciones. Tomar pequeños descansos puede ayudarle a sentirse mejor y a estar listo para más durante el día.

También es posible tomar unas vacaciones que están pensadas para ser relajantes y nada más. Puede suponer que para ir de vacaciones necesita estar ahí fuera, planificando un montón de actividades y corriendo todo el tiempo para conseguir los buenos recuerdos. Sin embargo, este no es necesariamente cierto. Terminará causándole mucho estrés y dolores de cabeza, y si bien a veces es divertido tener un buen plan, otras veces es bueno simplemente tomarse unas vacaciones, sentarse y relajarse.

Nunca subestime la idea de que puede ser vital y tan importante para usted pasar un tiempo juntos en un nuevo lugar, con un paisaje diferente, en lugar de tener que estar en casa todo el tiempo. ¡Incluso planear unas grandes vacaciones puede causar mucho estrés! Considere la posibilidad de alquilar una gran cabaña en el bosque juntos y pasar el tiempo con su familia extendida. Alternativamente, tal vez ir a la playa, divertirse con el agua y la arena, algo bueno para comer y beber.

Estos son solo algunos ejemplos de lo que puede hacer cuando se enfrenta a una verdadera experiencia lagom cuando se va de vacaciones. Hay demasiadas familias que intentan hacer las cosas perfectas y planifican cada parte de las vacaciones. Si bien esto puede hacerse con buenas intenciones a lo largo del camino, no va a fomentar la diversión ni el vínculo que se supone que estos viajes deben tener, simplemente porque causa demasiado estrés y demasiada ansiedad en toda la familia. Déjese llevar un poco, sea flexible, y comprenda que lo más importante es pasar tiempo con su familia y divertirse. Si puede hacer esto, entonces está en camino de tener unas vacaciones equilibradas, divertidas y que le ayudarán a crear grandes recuerdos.

Ir de vacaciones con su familia no tiene que ser difícil o suponer mucho trabajo. Está pensado para ayudarle a divertirse y a tomarse un descanso de todo el trabajo y otras obligaciones que tiene que cumplir regularmente. Las vacaciones le ayudan a crear los lazos y los recuerdos que quiere con sus hijos cuando crezcan. Con la ayuda de lagom y algunas de las diferentes opciones de las que hemos hablado en este capítulo, podrá eliminar parte del estrés de la planificación de las vacaciones para que realmente pueda pasar un buen rato.

Conclusión

Gracias por llegar hasta el final de *lagom*, esperemos que haya sido informativo, proporcionándole todas las herramientas que necesita para alcanzar sus objetivos, sean cuales sean.

El siguiente paso es decidir cómo le gustaría implementar las ideas de lagom que hemos mencionado en esta guía. ¡Hay tantas maneras diferentes de hacerlo! Aprender los pasos correctos, y cómo hacer que funcionen para usted, puede tomar algo de tiempo y dedicación. Sin embargo, con un buen plan en marcha -y posiblemente empezando paso a paso- puede hacer que esto suceda y vivir una vida que disfrute plenamente.

Las ideas de lagom no son innovadoras, ni siquiera tan difíciles de ejecutar. Sin embargo, vivimos en una sociedad donde el consumismo es la norma y donde la gente siempre está compitiendo para comprar lo último y poseer más de lo que realmente necesitan. Esto lleva a mucho desorden, mucho trabajo extra que no es necesario; también lleva a un país lleno de gente sin amigos, demasiado trabajo y mucho estrés, y cosas que no los hacen felices.

Si está cansado de este tipo de estilo de vida y busca una manera de reducir el estrés, mejorar su bienestar mental y físico, y asegurarse de sacar el máximo provecho de su vida, entonces el lagom puede ser la respuesta para usted. Además, esta guía ha dedicado algún tiempo a examinar los distintos pasos que puede dar para conseguirlo.

Cuando esté listo para simplificar su vida, obtener más felicidad y disfrutar de su vida más que nunca, y simplificarla al mismo tiempo, asegúrese de revisar esta guía para ayudarle a empezar con el lagom.

Por último, si usted encontró este libro útil de alguna manera, ¡una reseña en Amazon siempre es apreciada!

www.ingramcontent.com/pod-product-compliance
Lightning Source LLC
Chambersburg PA
CBHW030113240426
43673CB00002B/66